上海家长学校
亲子关系指导丛书

贺岭峰 主编

叶如风 著

如何读懂大孩子的心

12至18岁
家庭育儿指南

上海人民出版社
上海远东出版社

图书在版编目(CIP)数据

如何读懂大孩子的心:12 至 18 岁家庭育儿指南/叶如风著.—上海：上海远东出版社,2022
(亲子关系指导丛书/贺岭峰主编)
ISBN 978-7-5476-1873-8

Ⅰ.①如… Ⅱ.①叶… Ⅲ.①青春期-家庭教育
Ⅳ.①G782

中国版本图书馆 CIP 数据核字(2022)第 231488 号

责任编辑　张喜梅
封面设计　李　廉

本书由上海开放大学
家庭教育教材开发与出版项目资助出版

亲子关系指导丛书

如何读懂大孩子的心

12 至 18 岁家庭育儿指南

叶如风　著

出　　版	上海远东出版社
	(201101　上海市闵行区号景路 159 弄 C 座)
发　　行	上海人民出版社发行中心
印　　刷	上海颛辉印刷厂有限公司
开　　本	890×1240　1/32
印　　张	6.5
字　　数	125,000
版　　次	2022 年 12 月第 1 版
印　　次	2022 年 12 月第 1 次印刷
ISBN 978-7-5476-1873-8/G・1165	
定　　价	48.00 元

亲子关系指导丛书

编委会

主　　　任　王伯军
副　主　任　王松华　江伟鸣　姚爱芳
编委会成员　张东平　蒋中华　徐文清　邝文华
　　　　　　祝燕国　陈圣日　吴　燕　毕玉龙
　　　　　　王　欢　应一也　张　令　陆晓春
　　　　　　朱　斌　叶柯挺

总　　序

亲子关系是最重要的人际关系,没有之一。因为它是以赋予生命并以血脉传承的方式来缔结的。

在人类发展史中,我们遗传的素质秉性、习得的生存能力、传承的群体文化,都是以亲子关系为纽带来连接和延续的。

在漫长的历史长河中,无论是采集时代、狩猎时代、农耕时代,还是工业化时代;无论是奴隶社会、封建社会,还是资本主义社会、社会主义社会;无论是混居杂交、只知有母不知有父的母系社会,还是三妻四妾、四世同堂的父权社会,以老带新、以大带小的种族延续方式一直是薪火相传、赓续不变的。

无论愿不愿意,喜不喜欢,一个人血管里流淌的血液,总是有一半基因和另一个人有关。研究表明,不只是身高、体重、遗传疾病,内在的个人素质,如孩子的智商和情商也有部分来自遗传,甚至连幸福感这样的个人体验都有部分是遗传决定的。再加上基于表观遗传学的行为学特征的代际传递,孩子的情绪反应模式、隐性心理创伤、行为特征风格也可能受到几代家族经验的影响。

亲子关系,本来是生命之河的自然流淌。但是,在今天这样一个历史的转弯处,我们突然发现,在如何处理亲子关系这个问题上,从来没有哪一代父母像今天的父母这样焦虑和窘迫。因为,时代不同了。

在采集、狩猎、农耕时代,养孩子不是特别难的一件事。就是大带小、老带新,以氏族、部落、家族的方式集体抚养,小孩子在群族当中得到照顾、习得技能。由于彼时社会进化缓慢,远远慢于代际的更迭,所以祖孙几代面对的是同样的世界,住的是同一个村,种的是同一块田,小的跟着老的看、听、学、做就行了。多张嘴,多双筷,养育成本不高,变成劳动力收益不小,多子多福,即使出现个别不肖子孙或者养育失败也不会影响家族传承大局。这个时候,只要一个家庭的家风不错,在社会道德养成和生存技能习得方面没有大的缺失,就可以完成家族传承。而亲子关系,作为最重要的家庭关系,无论在婴幼儿养育、童年启蒙、生存生产生活能力训练、社会关系建构乃至结婚生子后的家族生活中,都扮演着核心角色。可以说,一切家庭关系都是以亲子关系为核心构建起来的。亲子关系被嵌套在复杂的人伦关系和亲戚关系中,被滋养被补充,即使出现一些问题,也能够被宗族和村落里的社会支持系统补位和校准。

总　　序

　　到了工业化社会,蒸汽机和生产线的出现改变了人类的生活生产方式,祖辈的生存技能储备不足了。面对新的社会分工、新的生产流水线,只有经过专门训练的人才能成为合格的工作者。服务于机械化大生产的班级授课制式的学校教育取代了家庭教育,成为青少年社会化的主阵地。这个时候,教师的角色介入到亲子关系中,并逐渐由辅助者变为主导者和评价者,既通过家庭作业控制了孩子的家庭时间和家庭活动,又通过考试排名、家长签字和家长群互动等调整了家长的角色、行为和责任。家庭教育成为了学校教育的辅助。同时,由于父母职业化、家庭小型化、工作移民化、婚姻不稳定现象的出现,导致留守儿童、祖辈养育、身心失调等问题层出不穷。从某种程度来说,亲子关系被弱化了。

　　而进入信息化社会之后,95后、00后等一代网络原住民出现,从出生就开始进入读屏时代,生命样态在二次元空间和三次元空间并行展开,给家长带来了家庭养育的黑洞。爸爸妈妈知道网络世界、虚拟空间的吸引力,却不知道那里面到底藏着啥。屏幕育儿虽然方便但是也有隐藏风险。这导致了年轻父母,一方面让孩子过早地接触屏幕,分担了孩子"十万个为什么"阶段给自己带来的烦恼,另一方面,又因为孩子社会性早熟带来的青春期提前叛逆而懊悔不已。家长,在家庭教育、学校教育、社会教育的漩涡中无所适从。亲子关系,在夫妻关系、原生家庭关系、家校关系、职场关系、网络社交关系、宠物关系、人机关系中变成了一个关系节点,既影响着其他关系,也被其他关系影响着。

我国2022年1月1日开始执行的《中华人民共和国家庭教育促进法》,重新梳理了家庭教育和亲子关系。认为亲子关系应该做到,一是亲子关系是父母的主体关系。自己的孩子自己养,父母要亲自陪伴孩子,不能以各种理由和借口把自己的责任转给老人、保姆、老师。二是亲子关系是父母的同位关系。父母的责任是同等的,爸爸妈妈谁都不能逃,即使分居、离婚了,照顾孩子的责任也不能少。三是亲子关系是父母与孩子之间的互动关系。言传身教,相机而教,就是在日常生活之中潜移默化地影响孩子,想让孩子做到的,自己应该先做到。督促孩子成长,自己先要成长。四是亲子关系是父母与孩子之间的平等关系。尊重差异,平等交流,不要打骂孩子,不得伤害孩子身心健康和社会健康。五是亲子关系是孩子健康成长的底层关系。良好的亲子关系为孩子的成长提供了安全感,也为孩子立德树人确立了界限与规矩,是孩子道德品质、身体素质、生活技能、文化修养、行为习惯等方面养成的关系基础。

在孩子成长的不同阶段,亲子关系扮演的角色是不一样的。在孩子0至6岁的时候,亲子关系是孩子一生依恋模式和安全感的基础,也是大脑神经布线的关键时期,爸爸妈妈的角色和影响至关重要,双人游戏、多人游戏和规则游戏是亲子之间进行技能学习和社会化的主要载体。7至12岁的小学阶段,是养成良好的学习习惯、应对方式、社交技能的关键时期,

总　序

亲子关系一方面为孩子适应学习生活建章立制，另一方面也为孩子的身心健康免受伤害保驾护航。12至18岁的中学阶段，是青少年的疾风暴雨时期，身体、自我、认知、情绪、社交都进入了一个在波峰和波谷之间起伏跌宕的折腾时期。而良好的亲子关系则成为这段时期的压舱石。亲子关系好，就有惊无险、化险为夷；亲子关系差，就火上浇油、雪上加霜。18至28岁，孩子已经进入了成年阶段，但是还会在专业定向、职业选择、婚恋生育、职场发展、个人成长等方面与家长协商或者争夺决策权。此时的亲子关系更多的是一种转换、一种交接、一种守望，如果处理不好，就可能演变成独立与反独立、操纵与反操纵、支配与反支配、以爱之名与反爱之名的一场战争。至于到了备孕备产的准父母阶段，年轻人越来越意识到原生家庭对自己的影响，对即将到来的父母角色充满期待也充满焦虑，在成为新角色的过程中要面对很多关系的改变和心理上的突破，尤其是孕产期间和独立抚养过程中的心理调适，成为人生成长脱变的一道关卡。生命，在相遇和传承的过程中实现着意义的迭代，每个时期都是关键期，每次应对都是胜负手，是稳定安全的亲子关系筑牢了生命跃升的基石。

要看到，这是一个百年未有之大变局的乌卡时代和巴尼时代。竞争激烈了、就业艰难了、岗位消失了、人工智能升级了、元宇宙来临了。当体能被能源取代、智能被算法击穿的时候，人类最后的尊严就是我们的情绪情感、我们的使命情怀。亲子关系，是一个幼小生命发芽、拔节、抽穗的营养之源，是人生中的宝贵资源，一定要倍加珍惜。

要看到，这是一代在二次元空间和三次元空间平行成长的生命。脑机接口、硅基生命、大健康产业、分子生物学、虚拟现实、线上平台、机器人工作，为新一代生命的生存、生产、生活带来了无限可能性。一些边界会坍塌、一些价值会沦落、一些生命被点燃、一些存在会重塑。而亲子关系，是在这传承与创新的过程中最有生命连接感的纽带、最有内生动力实现升级迭代的助推器、最柔滑顺畅相互温润滋养的催化剂。亲子关系，是无土栽培时代的营养剂，是野蛮生长过程中的阳光和水。

要看到，我们就站在代际传递的传送带上，载着历史的痕迹，走进未知的未来。要切断代际创伤、要自我疗愈心灵、要保护幼小生命。一代人有一代人的使命，一代人有一代人的局限，而我们这一代人，就是在见证历史巨大变革的过程中，挡住沉渣泛起，撑起万里无云。以亲子关系为镜，可以照见我们的贪婪和恐惧、无知和傲慢、暴躁和愤怒、怀疑和焦虑，也可以看见初心本性、使命愿景、道与坚守、爱与责任。

亲子关系是个支点，可以撬动代际生命。

为了更好地贯彻落实《中华人民共和国家庭教育促进法》，上海开放大学家长学校组织专家队伍编写了"亲子关系指导丛书"。丛书由上海开放大学王伯军副校长统筹安排，由非学历教育部王松华部长和姚爱芳副部长督促落实，由上海体育学院心理学院贺岭峰教授担任主编，由青少年畅销书作家朱凌、叶如风、张玲、郝正文、吴海明、姚爱芳、贺岭峰等组成写作队伍,为广大家长朋友呈上了一场亲子关系的心理与精神盛宴。

"亲子关系指导丛书"共5册,逻辑结构是按照人生发展关键期来编排。根据人生成长阶段划分为婴幼儿阶段(0至6岁)、小学阶段(7至12岁)、中学阶段(12至18岁)、大学及就业阶段(18至28岁)、准父母阶段(备孕备产阶段)的亲子关系。

朱凌老师编写了《好关系成就好孩子:0至6岁亲子互动中的关键密码》。这本书聚焦在6岁之前的亲子关系。0至6岁,可能是孩子生命中变化最快最多的阶段,也是建立亲子关系最宝贵的岁月。书中提出了"手指灵活的孩子更聪明""妈妈越爱说话宝宝越聪明""亲密关系从感觉妈妈的体温开始""给孩子建立规则而不是交换条件""先接纳孩子的情绪再教会他用语言表达"等有趣的观点,值得小孩子的爸爸妈妈去关注。

张玲、吴海明老师编写了《更好的关系,更轻松的教育:小学阶段家庭陪伴成长指南》。作者认为,6至9岁是孩子进入小学正式开启学业和社交生活的"启航"阶段,而9至12岁的孩子进一步有了自己的意识,进入了家长"领航"阶段。在这个阶段,家长更应该学会去发现,"好的亲子关系应该是尊重和有边界的关系""亲子关系越亲密反而家长越会越界影响孩子的自主能力""孩子发生突然变化,原因在父母自己身上"

"每一次孩子间的战争,都是难得的社交能力成长机会""孩子越来越磨蹭,背后竟是家长的'功劳'"。

叶如风老师编写了《如何读懂大孩子的心:12至18岁家庭育儿指南》。作者聚焦在12至18岁这个年龄段。面对青春期,为什么原本小学阶段的那个"乖孩子",仿佛一夜之间变成了一个"怪孩子"?青春期的大孩子到底有哪些特征?我们在养育上会有哪些难点和痛点?如何赢得大孩子的心,收获和谐的亲子关系?这些问题都可以在本书中找到答案。

贺岭峰、姚爱芳、郝正文老师编写了《两代人的碰撞与沟通:18至28岁青年与父母间的相处之道》。本书选择了代际间的沟通、志愿的选择、求学与留学、择业与就业、恋爱与结婚、成家与养育6个方面的20多个案例,讲述了18至28岁的青年人与其父母之间的相处之道。全方位展示了当代年青人与父母在同样的问题、情境面前不同的价值取向和行为选择,让读者对这代年青人及其与父母的关系有更多的看见。

朱凌老师编写了《拯救准妈妈的未来焦虑:走出原生家庭束缚找到自己的角色》。针对准妈妈这个群体,在这本书的写作过程中,记者出身的作者做了大量的采访。书中的案例涉及到原生家庭的影响、妈妈自我成长、家庭关系的平衡,以及成为独力抚养者该如何处理亲子关系,和新妈妈如何应对产后抑郁。作者发现,孩子是爸爸妈妈的镜子,"问题孩子"映照出的是家长正在遭遇的困境。有的妈妈在原生家庭中养成了讨好型人格,过度压抑自己的情绪,孩子的各种异常行为,其实是妈妈内心情绪的外化。有的妈妈内心有着深深的不安全感,对所有事情都要求完美,都要掌控,还不会说话的孩子,已经能接受到妈妈的焦虑不安,并通过应激状态反映出来。当妈妈意识到自己的问题,调整自己的状态,孩子的"问题"也会随之好转。通过案例故事,可以看见原生家庭的影响,看见自己成长的路。

  本套书的读者对象面向市民家长,每篇均以生活现象和典型问题导入,一个个具体的亲子关系案例,对案例进行深度精细化解析,并为家长提供3至5个具体实操的行动建议。丛书根据"好看、实用、深刻"的编写要求,尽可能做到育儿理念科学化、亲子案例故事化、语言风格口语化、对策建议实操化。

  希望不同年龄段的家长都能够在本套丛书中看见时代、看见孩子、看见自己,最重要的是,看见亲子之光,在我们陪伴孩子成长的过程中,为生命播下幸福的种子。

王伯军 贺岭峰
2022年10月22日

自　序

上海开放大学邀请我来写这套"亲子关系指导丛书"中的一本,聚焦的是12至18岁青少年家庭的亲子相处问题,我欣然接受。

因为工作关系,我在20年的职业生涯中接触了大量的青少年和他们的家长,积累了一套"社会情商育儿"的理论和方法,并且撰写了三本"培养孩子的社会情商"系列家教书籍;再加上我的孩子正好处在这个年龄段,我有很多亲子相处的心得体会,也有很多经验和教训。

为了写这本书,我翻阅了十来本家庭教育的著作,采访了不少于40组这个年龄段孩子的家庭,然后再提炼筛选,构成了这本书的主要内容。这本书可以说是理论和案例相辅相成,相得益彰。

12至18岁这个年龄段,我们的孩子迎来人生中非常重要的时期——青春期。父母和孩子的亲子关系将面对巨大的挑战。家长们突然发现，原本小学阶段的那个"乖孩子"，仿佛一夜之间变成了一个"怪孩子"——动不动就关门、顶嘴、情绪低落或者暴躁……我们家的这个大宝贝到底在想什么？家长无论用什么办法，似乎都很难赢得孩子的心。

很多家长向我咨询这方面的问题，他们非常痛苦，也非常迷茫。有些家长会采取打骂、控制、讨好等方式来接近青春期的孩子。但结果呢？全都败下阵来。

青春期的大孩子到底有哪些特征？我们在养育上会有哪些难点和痛点？如何赢得大孩子的心，收获和谐的亲子关系？在这本书里都能找到答案。

我通过6个篇章20多个深度案例，聚焦这个年龄段的亲子相处问题。这6个篇章分别是：激发自信、生命教育、性教育、金钱观引导、避免"控制养育"和亲子沟通技巧。

在每一个篇章里，我都详细描述了案例故事，并且给予了深度分析，最后给大家提供了切实可行的建议。我希望这本书能够帮助家长们成功走入大孩子的心房，成为他们真正的"盟友"。

叶如风

2022年10月24日

目 录

总序 — 001
自序 — 001

第一篇
激发自信

一、如何减缓青春期孩子的容貌压力 — 003
二、如何面对孩子的突发奇想 — 010
三、孩子学业压力大,父母怎么做 — 018
四、看到孩子成绩下降背后的秘密 — 026
五、如何缓解孩子的考试焦虑 — 033
六、如何看见"慢孩子"的潜力 — 039

第二篇
生命教育

一、警惕网络游戏中的"暗网" — 051

二、提高生存技能，助人助己 —— 056

三、如何应对电梯险境 —— 064

四、怎样让青春期孩子热爱生命 —— 069

— 第三篇 —

性教育

一、帮孩子树立正确的性观念和互联网防骗意识 —— 077

二、在封闭环境中如何保护自己 —— 083

三、警惕男孩被侵犯 —— 088

四、小心熟人之间的"不怀好意" —— 095

— 第四篇 —

金钱观引导

一、培养孩子对金钱的延迟满足能力 —— 105

二、涉世未深，心有贪念易被骗 —— 111

三、家长一味送钱，是爱还是害 —— 116

四、错误的消费观害人不浅 —— 123

第五篇

避免"控制养育"

一、控制性父母对孩子的身心危害 —— 133
二、切忌"我说了算" —— 140
三、"完美养育"会害惨孩子 —— 146

第六篇

亲子沟通技巧

一、停止唠叨,赢得孩子的心 —— 157
二、父母适当"示弱",孩子善解人意 —— 163
三、怎样让孩子愿意和你说心里话 —— 169
四、如何跟家里的"网瘾少年"有效沟通 —— 176

后记 —— 183

第一篇

激发自信

一、如何减缓青春期孩子的容貌压力

导言

一个读者跟我说,女儿进入初中后,开始越来越在乎自己的容貌,有时还会拿自己的容貌跟其他同学作对比,听起来好像对自己不太自信。

这个读者问:怎样跟处在青春期的女儿沟通,让她能够发现自己独特的价值,能够变得更自信更大方?

案例

婷婷(化名)和芳芳(化名)从小都住在一个小区,她们是无话不谈的闺蜜。这两年,两个女孩都进入了青春期,出落得亭亭玉立,青春逼人。

一天,婷婷问妈妈:"妈妈,你觉得是芳芳好看还是我好看?"

妈妈白了她一眼说:"我觉得我姑娘挺好看哪。"

"妈妈你骗人。芳芳皮肤比我白,人比我瘦,很多同学都觉得她漂亮。"婷婷越说情绪越低落,最后干脆把自己关在房间里。

爱美之心,人皆有之。女孩子进入青春期,有了容貌焦虑,这也是可以理解的,关键就看怎么去引导。晚上婷婷妈妈和婷婷爸爸一起认真地讨论了这件事。怎样才能找回那个自信大方的女儿呢?正好再过几天就是婷婷14周岁的生日了,夫妻俩决定分头行动,帮女儿找回自信。

爸爸负责把婷婷从小到大获得的奖状、发表的文章、绘画的作品、录制的歌曲等有纪念价值的成长资料都整理出来,然后拍照、归类。

而妈妈呢?她从自己的几个旧手机、移动网盘里面,把女儿出生以来各个节点的珍贵照片一张一张地筛选出来整整100张,然后再把这些照片做成了PPT,并且把爸爸找到的各种资料也都插入到了PPT当中。

这14年来,婷婷的照片"散落"在各处,找起来实在是有点困难。爸爸妈妈也不是特别擅长做PPT,两个人连续三个晚上都忙到半夜。最后,做好的PPT配上女儿最喜欢的钢琴曲《天空之城》,终于大功告成啦!

婷婷生日这天晚上,吃完生日蛋糕之后,爸爸妈妈宣布:我们还有一个生日礼物要送给你。爸爸打开了投影仪,妈妈把装着PPT的U盘插了上去,雪白的墙上显现出一句话:给我们最美的女儿。

伴随着《天空之城》的美妙音乐,PPT画面里展示了婷婷从一个小婴儿长到14岁大姑娘的一个个精彩瞬间,以及她从小到大取得的各种进步、荣誉。

妈妈最后总结说:"婷婷,你不用和任何人比。外表美是好事,但是一个人真正的持久的美,来自他的学识、修养和善良的心,而这些,你都拥有哇。"

婷婷的眼睛亮晶晶的,久违的自信又回来了:"妈妈,原来我有这么多优点! 你们是怎么找到这么多珍贵的照片的呀……"

三 解析

青春期是指由儿童逐渐发育成为成年人的过渡时期。在这个时期,无论男孩还是女孩的身心都会发生巨大的改变,所以父母一定要认真对待。

上述案例中,进入初中的女儿开始关注自己的容貌,这是非常正常的现象。因为,青春期是孩子迅速生长发育的关键时期,也是继婴儿期后又一个生长发育的高峰期。在这个时期中,很多孩子或多或少都会经历自卑、迷茫、惶恐、不安这些心理变化。

面对身体的变化，女孩，尤其是心思细腻的女孩，会有较为明显的心理波动。

一些不健康的审美，在不断影响着青少年的身心，会让他们对自己的容貌不自信，甚至厌恶、焦虑。

中学时期是孩子受到外貌嘲讽的高发时期。如果孩子在与同伴的交往中，频繁地遭到外貌羞辱，这完全可以摧毁一个孩子的自信。

在外貌羞辱当中，占比最大的是体型羞辱。这可能会导致一些中学生想通过节食拥有更好的形体，甚至会导致一部分人出现厌食症或者进食困难。

在我看来，面对孩子轻微的容貌焦虑，家长不用过于在意或者放大。但是如果在跟孩子的沟通当中，发现孩子有过度的容貌焦虑，这个就要引起家长的警惕了。

案例中的婷婷，不自觉地拿自己的容貌和闺蜜作比较，流露出容貌焦虑的思想。其本源，是"比较"。

青春期的孩子比较敏感，会不自觉地拿自己和他人作比较。我们做父母的，要引导孩子"向内看"——多发现自己的优点和长处，确立自己的价值系统，而不是"向外看"——只看到别人的优点以及自己的缺点，这就是心理学上所说的"心理偏盲"。长期"心理偏盲"的话，孩子会越来越自卑。

个体心理学创始人、奥地利著名心理学家阿尔弗雷德·阿德勒曾说，儿童天生有自卑感，因为他们还未成年，所以养育者给予的指导非常重要。婷婷父母的后续做法非常好。他

一、如何减缓青春期孩子的容貌压力

们用充满爱意的实际行动告诉孩子：人的价值不是通过与他人相比才能体现出来；人的成就不是来自超越别人，而是超越自我。

婷婷的故事让我想起我儿子米奇的故事。17岁的他，个子有183厘米，但体重不到60千克。一些长辈出于善意，经常说他太瘦，要他多吃点饭。但对于青春期的大孩子来说，其实是比较反感别人这样说他的，有段时间他有点"身材焦虑"。

当我观察到这个现象之后，跟他进行了一次谈心。我做了两方面的努力。

第一，引导他"向内看"。我告诉他，不要在意别人的评价，因为爸爸妈妈都看到你有很多内在的美好，比如你的善良（经常去福利院为老人演出），你对音乐的执着热爱（从来不用大人催促，自己每天主动练琴），你对文学的钻研（自己坚持创作小说好几年）。用实实在在的评价，不断增强他内在美的信心。

第二，增加体能训练，和"自己"比较。跟他商量之后，我给他请了一个私人教练，每周到健身房，在教练的带领下，科学健身，提高体能。他还做了健身记录，每周和上周作对比。每当看到自己比上周有进步，他都会欣喜万分。

"双管齐下"之后，米奇有了不小的变化，不但身体变得越来越结实，而且走路有风、眼睛放光。自信就像一种营养素，在他体内油然而生。同时，他与我们的关系也越来越好，因为他觉得我们信任他,支持他,给他力量。

各位家长,请让我们的孩子和"与他人比较"保持一定的距离。要让孩子明白,我们每一个人都是独一无二的存在;我们的自信力、价值感和成就感,都应该建立在自我肯定、自我实现上,而不是建立在与他人的比较中。

想明白了这一点,我们的孩子才会拥有自信的力量,才能悠然地拥抱人生。

建议

对于青春期有一些容貌焦虑的孩子,家长这样做,能收获更好的亲子关系。

1. 多给青春期的孩子写纸条(或信件)

没有一个孩子会拒绝来自父母的小纸条。你可以把你的爱和要求化作无声的语言传递给孩子。

在我们家,我和孩子爸爸经常会给儿子米奇写纸条,而且我们最喜欢把纸条从他的门缝里塞进去。有的时候他也会回纸条给我们,也是从我们卧室的门缝里塞进来。我们心照不宣地保持着这种很有意思的沟通活动。父母给予孩子稳固的爱和支持,这是孩子自信力的源泉。

2. 给孩子提供更多服务家庭或社区的机会

家长可以多给孩子提供服务家庭或者社区的机会。家庭成员要给予配合,并表示出欣赏的态度。让孩子通过这种贡献和服务,体会行为美的力量,增强"我能行"的感受。

3. 给孩子做形体训练或礼仪训练

有些孩子不太注重形体之美,比如驼背、坐姿不雅观等。家长可以通过一些课程给孩子进行形体训练或者礼仪训练。通过优化他的形体举止,让他更自信。

我青春期时,因为家就住在上海舞蹈学校旁边,所以经常看到那些跳舞的女孩子非常优雅的身影。那些优雅的身影让我非常羡慕,回到家里我会偷偷去学习她们的行为举止,无形之间也提高了我的形体之美。

4. 通过看画展、听音乐会等活动,给孩子美的熏陶

经常带孩子去看画展、听音乐会,并且充分地与孩子交流,让孩子理解美来自内在的体验。经常接受艺术熏陶的孩子,他的气质会显得更落落大方,充满自信。

二、如何面对孩子的突发奇想

导言

当蜘蛛侠、蝙蝠侠,做第一代火星移民,发明让人活到 200 岁的神奇药丸……如果你家的大孩子提出一些看上去不切实际的想法,你会是什么反应?鼓励,打压,还是一笑了之?

下面讲一个我们家的小故事,借此来讨论一下如何利用孩子的突发奇想增强他的自信力。

案例

> 今年年初,我们搬了一次家,在新的小区里,有一个小篮球场。
>
> 我们建议米奇经常去打打球,但他似乎不是很热衷于此。但是,有一天晚上,他突然跟我们说:"我们去打球吧。"

二、如何面对孩子的突发奇想

这时天都已经黑了,篮球场里没有专门的灯光,这怎么打呢?

我和米奇爸爸都觉得他有点异想天开。

"走嘛,我觉得晚上我能打得好!"米奇已经抱起篮球,换好鞋,准备出门了。

在我们家,我和米爸(米奇爸爸,下同)有个约定,对于孩子的奇思妙想通常都会比较包容。所以,我们俩互相交换了一下眼神,也换好衣服,和他一起下楼。我的内心有点好奇:我倒要看看,这小子在黑暗里怎么打球?

篮球场上能见度很低,只能借着居民楼里的灯光,隐约看到篮筐。

父子俩开始定点投篮,基本上是在抓瞎,十投九不中。

"米奇,要不还是白天来打?"我试探性地问他,想看看他的反应。

"别急嘛,妈妈,我要看一下自己的潜力!"米奇很不甘心。

他调整了一下投篮方法,先是在离篮筐很近的地方找投篮的感觉,然后逐渐往后退。"爸爸,你也这么干,试试!"他让爸爸照着来。

渐渐地,父子俩似乎适应了微弱的光线,找到了投篮的感觉,投篮的命中率越来越高。

最后,米奇创下了连续投中6个球的纪录,爸爸甚至创下了连中 10 个球的纪录。这下,爸爸的惊讶程度不亚于米奇了。他说:"我真没想到,这辈子最好的投篮成绩,居然是在黑灯瞎火的时候创下的。"

"我就知道我们肯定行!越是在晚上,越是能激发我们的潜力。"米奇似乎很得意。

后来他告诉我,他当时刚做好作业,只是突然想试试自己在比较恶劣的条件下,能不能投篮成功。对他来说,这只是灵光一现的想法,没想到爸爸妈妈不但没有喝止,居然还挺支持。至于连续投中 6 个球,那是意外的惊喜!

三 解析

奇思妙想是孩子与生俱来的能力,但是孩子天马行空的想象力是有"保质期"的,它从开始到稳定的时间,只有 12 年左右,成年以后这种奇思妙想就会少很多,甚至消失不见。

想象力是非常珍贵的资源,同时它也很脆弱,有可能因为父母的一句责备,想象的火花就灰飞烟灭了。

如何保护孩子的奇思妙想?我想关键词有两个:信任和接纳。

我们先说信任。

通常情况下,孩子从出生起,接触最多的人是父母。他的自信力,最初源于与父母高质量的互动。他第一次走路时,他第一次说话时,你的积极回应和正面的鼓励都将是他自信的

二、如何面对孩子的突发奇想

源泉。伴随着孩子长大,如果你一直这样源源不断地向他表达肯定和鼓励,必将收获一个自信满满的孩子。

我在我的家教书《培养孩子的社会情商》(家长版)中提到为孩子酿造一颗"信任糖"的重要性:那些被"信任糖"滋养的孩子,眼睛里的光芒比同龄人更耀眼,他们体内将永远深藏一种力量。这样的孩子往往能最大程度发挥自己内在的潜能,进而发展成自信心和各种能力,克服种种困难,活出从容自在的人生。

以上案例中,我和米爸向米奇表达了充分的信任和尊重——我们相信他不是在"故意捣蛋",甚至很期待看看他到底会在黑夜里如何投篮,最终达成了一次良好的亲子互动。

我还想到坊间流传的两个经典故事,都是关于第一个登上月球的宇航员尼尔·奥尔登·阿姆斯特朗的。

一天傍晚,小阿姆斯特朗爬到了高高的教堂塔顶上,很多人聚在下面担心地议论着。有邻居通知了他的妈妈。等他的妈妈急急忙忙地跑过去时,他对着妈妈喊:"我想爬到月亮上去,这里离月亮好近哦。"妈妈说:"真的吗?好哇!只是你还没有带降落伞,爬到月亮上怎么下来呢?带上降落伞再去吧。"

还有一天,天空下着大雨,小阿姆斯特朗穿着妈妈才给他做的新衣服,在泥坑里不停地蹦蹦跳跳,泥水溅得脸上、身上全是。随后,他兴奋地冲到厨房,告诉正在做饭的妈妈:"妈妈,我要跳到月亮上去了。"妈妈并没有责备她的儿子弄脏了漂亮的新衣服，而是说："真的吗？好哇！只是别忘了从月球上跳回来，你还没有吃晚饭。"

当阿姆斯特朗从月球返回地球的那一刻，记者采访他："此时此刻你最想说的话是什么？"阿姆斯特朗回答说："我想对妈妈说，我从月球上回来了，我想回家吃晚饭！"

虽然这两个故事有待考证，但是背后的教育思想就是"信任孩子"，这一点值得家长们思考。

有一次，一个妈妈向我抱怨她13岁的儿子太过调皮。其实，这个孩子在我看来很有创造力，很聪明，很活泼。那个妈妈不屑一顾地说："他居然说要考哈佛大学！真是异想天开！"我饶有兴趣地听着，问她是怎么回答的。她说："我当时就脱口而出，就凭你？也不照照镜子，别不知天高地厚了！"

试想，只要孩子一提出大胆新奇的想法，父母就打压或斥责，这样孩子会有什么感想？我想，孩子可能会有"你们不信任我，我不重要""我没用，算了，放弃吧"等想法，以后他一想到如果提出天马行空的主意就要被批评，就会闭口，他探索世界的潜能就会被逐渐消磨掉。

接下来说接纳。

我们要接纳孩子的天马行空，背后是一种容错的态度。中学生自尊心强，探索欲高，但是容易冒失、思维不缜密。父母应该允许孩子犯错，透过孩子的表达，看到孩子的需求和动机，从而给予精神上、心理上的支持。

二、如何面对孩子的突发奇想

我希望所有的父母都从内心接纳、认可自己的孩子,给他们机会去发挥自己的奇思妙想,并且在安全的情况下,让他们尽情地去探索这个世界,就像米奇尝试"黑夜投篮"一样。在这个过程中,孩子会发现自己的潜能,学会挑战自己,收获属于自己的果实,并获取强大的自信力。

建议

对于想象力天马行空、灵感爆棚的孩子,家长这样做,能收获更好的亲子关系。

1. 反射式倾听

如果孩子说些异想天开的话,不要用挖苦或批评的方式打断他。你可以用"反射式倾听"这个工具,探索孩子内心的需要。

具体方式有三步。

第一步:反射。

把孩子的话反射回去,简单复述他的话作为回应。

第二步:鼓励。

用语气词"嗯""哦""是吗"不动声色地鼓励他继续说下去。

第三步:引导。

全程不评价,最后可以反问"你打算怎么办",引导他自己解决问题。

反射式倾听的好处是,最大限度维护处于青春期孩子的自尊,并且引导他们独立思考和解决问题。

2. 想象力火车

如果按照你的经验,判断孩子的某些想法和做法确实不切实际,你不要第一时间打压他,而是使用"想象力火车"这个工具来让他明白那样做不切实际。

你可以告诉他:我们一起来想象一下,按照你这个思路,这个"火车"会开到哪里去?然后你们一起展开想象的翅膀,把自己带入其中,进行一次思想的驰骋。

对孩子来说,他会非常享受这个过程。即便最后他通过"想象力火车"发现有些想法有漏洞甚至不切实际,也不要紧,因为在整个过程当中,他能感受到你对他的尊重,进而拥有更好的自信力,更多的潜能也会被调动起来。

延伸小贴士

美国宇航员尼尔·奥尔登·阿姆斯特朗的母亲维奥拉在1970年2月的某杂志中,讲述她儿子在14岁学习飞行时对飞行的无限热爱,以及当儿子的飞行同伴因故身亡后,父母是如何信任他、继续支持他的飞行梦想的。我翻译并摘录部分语句,分享给大家。

> 尼尔定定地盯着我的眼睛,然后坚定地说:"妈妈,我希望你和爸爸能理解,我必须继续飞翔。"
>
> 有那么一分钟,当我想到几英里外在利马的另一位

二、如何面对孩子的突发奇想

母亲时,我感到很震惊,她伤心欲绝,也许此刻她正站在儿子空荡荡的房间里。

"好的,儿子。爸爸和我会同意你的决定。"我的心怦怦直跳。"还有,尼尔,"我说,"几周后你拿到驾照,我可以成为你的第一位乘客吗?"

三、孩子学业压力大,父母怎么做

导言

进入中学,孩子们的学业压力比小学增大许多。有些自我要求比较高、心思比较细腻的孩子,面对学习压力会很有挫败感。

父母如何帮助孩子克服挫败感、提高自信?我们一起来看看我采访的一个案例。

案例

> 高一学生小陈是个数学竞赛高手,自我要求很高,但是常年备战竞赛让他身心疲倦,加上最近两年连连失利,他对未来产生了怀疑。经过慎重考虑,他决定退出竞赛小组,但是他又怕辜负教练和父母的期望,因此内心十分纠

结痛苦。

"所有人都让我坚持下去，但是这样的坚持真的有意义吗？这样活着到底有意义吗？"最近小陈经常在内心这样问自己。

在外人看来，小陈是一个连续4年参加数学竞赛的"数学小天才"。经过选拔，从初一开始他就加入了学校的数学竞赛小组。

从初一一直到高一，整整4年，他都在高强度的竞赛辅导、竞赛刷题当中度过。一开始他屡屡获得名次，确实享受到了同学的羡慕、老师的称赞、家长的夸奖。但是随着竞赛内容的难度增加，小陈学起来越来越吃力，竞赛成绩也越来越不理想。

蓦然回首，他突然意识到，过去的4年里，他几乎没有办法"做自己"——除了吃饭、睡觉、应付功课以外，其他的时间，全部被备战竞赛所填满。

小陈萌生了退出竞赛组的想法，但是新的恐惧和愧疚又袭上他的心头：如果我现在退出，怎么对得起教练胡老师？他是我的数学老师，悉心指导我，对我期待也很高，他会不会对我很失望？

小陈决定还是先跟爸爸妈妈聊一下。

这天晚饭的时候，他鼓起勇气向爸爸妈妈开口了。

"高中学习任务挺繁重的，我想停一停数学竞赛。"

爸爸一阵沉默。小陈能感受到他沉默背后的惊讶。

妈妈接过了话头："儿子，你都16岁了，如果这是你深思熟虑的想法，妈妈支持你。"

爸爸终于忍不住了："都已经学了4年了，真的要放弃吗？你可要想好哦！要不我和胡老师沟通一下？"

"哦。"小陈耷拉下头，陷入了沉默。

那天晚上，爸爸和胡老师通了一个很长的电话。之后爸爸又和妈妈谈了一会儿。

随后，爸爸敲开了小陈的房门，拉了一把椅子坐下来："儿子，爸爸和胡老师沟通下来，他不建议你退出，他说你现在可能是到了瓶颈期，再咬牙坚持一下可能就会有新的突破，如果现在退出，所有努力都付之东流了……"

听到这里，小陈的心一下子坠入谷底。

"但是，爸爸妈妈支持你，只要是你想清楚的事情，我们都支持你。我想，学习是终身的事情，退出竞赛不代表退出学习，不是吗？"爸爸拍了拍小陈的肩膀。

"真的？"小陈眼前一亮，但随即又陷入了不安，"但是……我该怎么面对胡老师？我不敢跟他说……"

爸爸想了想说："儿子，来，爸爸教你玩一个游戏，也许你的勇气就来了。"说着，他和小陈面对面坐着。"你把我当作胡老师，我们来个角色扮演，看看双方会说些什么。"

小陈有点疑惑，又有点兴奋。他迫不及待地和爸爸开始了这场"游戏对话"。

爸爸(胡老师):小陈,你面临的困难和瓶颈是暂时的,老师看好你,你能挺过去的。

小陈:老师,我自己的水平我很清楚,我已经尽了全力,再往上走的可能性很低。

爸爸(胡老师):如果放弃竞赛,等于你前面几年的努力都白费了,怎么办?

小陈:我觉得没有白费,竞赛让我从更高的层级来看数学,让我的基础也打得很扎实。我现在退赛,只是暂时放下参赛的状态,但我并没有放弃数学。我可以更从容地研究数学,寻找自己真正感兴趣的方向。

爸爸(胡老师):小陈,你觉得将来你会后悔今天的决定吗?

小陈:我想我不会后悔。我是深思熟虑后做的决定,我会承担后果。

爸爸(胡老师):你会害怕老师对你失望吗?

小陈:我现在感觉不到生活的意义,也不知道自己的价值在哪里,这种状态已经半年多了。我想让您知道,就算我退赛,我在学习上也不会松懈的。希望您能理解我。

爸爸(胡老师):你还想和我说什么吗?

小陈:谢谢您对我的关爱!我也许不会按照原有的轨迹前行,但我不会让您失望的。

> 爸爸(胡老师):我相信你。
>
> 经过和"胡老师"的这番"角色交谈"之后,小陈觉得通体舒畅。
>
> 他的心结被打开了,觉得浑身上下充满了力量,眼里也恢复了自信的神采。他和爸爸紧紧地拥抱了一下。

叁 解析

当你遇到人生困境两难选择时,是不是特别纠结郁闷、沮丧挫败?

这个案例中的小陈,是一个特别有勇气、有智慧的孩子。作为一个资深的竞赛选手,他在面临内心冲突时,有勇气面对那个"内在的自己"。

案例中的小陈爸爸,是一位非常懂孩子心理的好爸爸。他运用了"角色扮演"的心理疗法,帮助儿子重新审视自己和周围重要人的关系。

角色扮演(role-playing)是由精神病学家莫雷诺提出的,是由来访者通过角色扮演来改变自己已有的行为,或者是学习到新行为,促进产生相应的认知改变。

在孩子受到压力、冲突、欺凌时,我个人比较推崇用角色扮演的方式加强和孩子的沟通,尽可能还原当时的状况。这不但有助于父母掌握孩子遭遇的细节,而且可以引导孩子站在不同的角度考虑问题,使他觉察到自己内心的真实想法和

三、孩子学业压力大，父母怎么做

渴望，达到内心的整合。

我儿子米奇有一次被同年级其他班的一个男生掐住脖子，差点被推倒在楼梯口。我就用角色扮演的方式，和他一起还原当时的场景。米奇开始有点犹豫，在我的鼓励下，终于大着胆子用手狠狠地卡住我的脖子，把我往墙角推。

通过角色扮演，我判断这个掐脖子的动作完全不是男生之间的推搡打闹，因此我和米爸决定介入。第二天一早，我们通过学校请来了那个男生的家长。那是位单亲妈妈，她承认自家孩子最近的确行为异常。她的态度很诚恳，表示会好好教育孩子。最终，这件事得到了妥善解决。

这件事情之后，米爸抽出时间，也通过角色扮演的方式，教给米奇一套简易防身术。爸爸让米奇来扮演欺凌者，他来扮演米奇。

第一步：爸爸用眼睛直视米奇，同时语气坚定地警告："你干什么？请你不要……你再……我就不客气了！"（要诀：眼睛一定要勇敢直视对方。）

第二步（让米奇轻微动手）：爸爸找机会握住米奇的手臂或手腕，暗暗使力。这种方式动静不大，但威力不小。（要诀：用力握住对方就可以了。）

第三步：以德服人，主动示好。爸爸对米奇说："你这样做有意思吗？我们还是做朋友吧。"（要诀：告诉对方多个朋友总比多个敌人好。）

米爸教完米奇，就和他角色互换，让他练习如何防御欺凌者。米奇看上去很享受这种角色扮演的方式，在几个来回中逐渐熟悉了动作要领。他笑着说："爸爸，我们再演几遍吧！"

之后，米奇确实遇到过一件差点被欺凌的事。隔壁班级有个男生扬言放学后要"收拾"他。因为他学过爸爸教他的简易防身术，所以他底气十足，并没有惧怕那个同学。他后来告诉我们："那个欺软怕硬的家伙，一直都没敢靠近我，中午在楼梯口看到我，很快就逃开了。大概是我的气场比较大吧！"

你看，当孩子遇到挫折时，作为家长，最重要的未必是"拔刀相助"，而是要身体力行地帮他搭建他的"心理大厦"，而角色扮演就是一个孩子乐于接受又避免父母说教的好办法。当孩子遇到挫折时，请坚定地告诉他："爸爸妈妈理解你，我们是你坚实的后盾。"

这样，你一定能培养出一个更勇敢、更坚强的孩子。

建议

对于长期处于学业压力下的孩子，家长这样做，不仅能收获一个身心平衡的孩子，还能收获更好的亲子关系。

1. 做家务

做家务是提高中学生自信的途径之一。做家务有助于建立他们持久的掌控感、责任感和自力更生感，有利于他们在学业上、情感上甚至职业上成功。著名脑科学家洪兰老师也提到过，孩子做家务，从脑科学的角度是一个"换脑"的过程，孩子紧张了一天的大脑有了"新风"进来，会让他之后做功课事半功倍,何乐而不为?

2. 接触大自然

每个孩子都不会拒绝大自然。每周可以抽出一点时间,带孩子到大自然当中去,去感知、触摸山水花草,去骑车,去徒步。中学生正在经历人生中最重要的青春期,有时受生理影响,心情容易波动,这时多接触大自然,是治愈焦虑和减轻压力的好方法。

3. 培养一个爱好

一个只会读书的孩子,是非常不幸的。父母除了重视中学生的学业以外,可以帮孩子培养一些高雅的爱好,比如书法、音乐、绘画等,让孩子在爱好中完善人格,结交同好,获取自信。

4. 养宠物

给孩子养个小宠物,比如小乌龟、小猫、小狗等。我们平常说的宠物,在心理学上有个专业名称,叫"伴侣动物"。北京师范大学心理学院的相关研究人员曾做过一个主题为"伴侣动物与儿童心理健康"的调查研究。研究人员通过对北京11所小学402名小学生进行调查发现,养"伴侣动物"可以培养孩子良好的社会情绪,如自信、有爱心、乐于分享、有责任感等。

给学业压力大的孩子养个宠物,可以稀释他的压力,让他有情感寄托。

四、看到孩子成绩下降背后的秘密

📖 导言

如果你的孩子成绩突然一落千丈,你会怎么办?是焦急地数落他,还是赶紧给他报培训班?或者是你亲自上阵,帮他辅导?也许这些都不是正确答案。下面的案例,可能会对你有一些新的启发。

📑 案例

> 小张是个非常聪明又有点内向的男孩。他考进上海一所初中时,成绩是名列前茅的。可是到了初二的第一学期,他的成绩就像跳水运动员,一直向下俯冲,几乎到了年级垫底的水平。
>
> 老师找小张的父母沟通,来学校的总是妈妈。她唉声

叹气地说道："老师，孩子爸爸在外地工作，平时我工作也忙，实在没空管他。我说也说过了，骂也骂过了，这么大孩子了，我也真是没办法。"语气中，她对孩子也不抱什么希望了。

从此，小张同学更加消极"怠工"了。他上课常常走神，不交或者漏交作业是家常便饭。在这个大家唯恐落后的学习环境里，他显得格格不入。

初二的第二个学期，学校请来一位心理辅导老师——秦老师。他特别善于解决同学心里的"疑难杂症"。

当校长把小张同学的情况告诉秦老师的时候，他边听边记录着，微微地点着头。

"我来试试吧，总是会看到希望。"秦老师说了这么一句话。

过了一星期，秦老师邀请小张同学来到他的心理辅导室。

小张有些不太情愿地坐下，眼睛四处打量，他习惯了被老师叫到办公室批评，所以很不以为然。

秦老师先打破了沉默："小张，我上次到你们班上课的时候，发现你很特别。上课时你虽然看起来不认真，但你的眼神告诉我，秦老师讲的东西，你都听进去了，所以，我听说你现在的学习状态不太好，我是不太相信的。"

小张微微扭了下头，没有说话。

"老师觉得,你是一个上进的好孩子。"

小张抬起头望着秦老师,有点赌气地说:"我才不是呢。我就不好好学习。"

"我说你是一个上进的孩子,是有充分理由的。"秦老师肯定地说道。

小张迟疑地盯着秦老师,期待着后半句话。

"不瞒你说,我观察你一个星期了。我计算了一下,从你们家到学校,15分钟的路程,一路上至少有三个网吧。有些同学放学后会偷偷去网吧玩,而你呢,无论是上学还是放学以后,从来都没进去过一次。秦老师觉得,如果你真是一个不求上进的孩子,就算为了打发时间,也得去那里玩个几次啊,你说是吧?"秦老师用福尔摩斯一样的语气,说完了他的"推断"。

小张不好意思地低下头,心里展露出一丝阳光。

从此,小张同学下课后经常往心理辅导室跑,有什么心事就跟秦老师吐露,两人成了"莫逆之交"。

后来,秦老师还了解到小张的爸爸妈妈虽然表面上风平浪静,但实际上关系非常紧张。小张敏感地意识到,一场风暴在所难免,所以,他没有心思好好读书,他想用自暴自弃来引起爸爸妈妈的关注,让曾经的幸福日子再回到这个家。当他发现这个方法不奏效的时候,就索性放弃了努力,任凭自己"沉沦"下去。

> 但在内心深处,小张依然想成为一个好孩子。秦老师尽力帮他解开了心结。
>
> 随着家庭关系的改善,小张渐渐恢复到了原来的样子,学习也迎头赶上,最后考上了一所不错的高中。以往那个自信开朗的男孩又回来了。

三 解析

这个案例告诉大家,如果我们只是盯着孩子成绩下降的表面问题,对他施加压力,那根本摸不到孩子的"病根"。

案例中的秦老师,非常用心地观察,在孩子"三过网吧而不入"这个看似理所应当的表面行为中,看到了他内心向往学习的内核需求,并把这个细节转化为他的"优点",始终肯定孩子、疏导孩子,终于打开了他的心门。

教育心理学家布鲁诺研究发现,造成学生学习差异的主要原因并不在于遗传与智力,而在于家庭和学校的环境条件。换句话说,一个智商正常的学生,只要老师或家长重视他,给他创造合适的条件,他就会取得进步,获得成功,这就是为什么全世界范围内有不少学校会采取分层教学的原因之一。

相反地,如果老师或家长没有创造好的环境条件,学生很容易气馁、挫败,长期品尝失败,可能会从此一蹶不振。

本案例中的小张妈妈,因为孩子成绩一落千丈,采取消极放弃的态度,这只会增加孩子的挫败感和自卑感。儿童心理学一再表明:孩子会对教育者的负面评价信以为真,会调动一切潜能证明教育者的评判,从此再也没有勇气面对任何任务和挑战。

美国社会心理学家查尔斯·霍顿·库利提出"镜中自我"概念,就是研究他人评价对自我的影响。

库利提出,青少年的自我概念是通过"镜像过程"而形成的一种"镜像自我"。他人的态度不仅塑造了青少年的镜像自我,而且会通过青少年自我概念引导行为的作用,来塑造对自我的认知。

通常情况下,一个中学生的消极"镜像自我"来源于三个方面,一是家长,二是同学,三是老师。这些人的评价和反馈,是他最直接的"镜像过程"。如果他们对孩子的反馈是消极的,这就会影响孩子对自我的认知,自卑消极的孩子就是这样养成的。

案例中的心理老师秦老师,给予了小张温暖的、积极的、正向的支持,并且通过努力,让小张父母的关系得到了改善。这些都对小张重新树立新的自我认知起到了很大的作用。

但愿,我们的家庭和学校都多一双"慧眼",多一点耐心,去发现孩子除了分数以外的优点,并及时给予鼓励,让他在"镜像过程"中提高自我认知,收获一个自信的自我。

建议

对于自卑、沮丧、价值感比较低的孩子,家长这样做,能收获更好的亲子关系。

1. 优点瓶

找一个宽口玻璃瓶,每天观察孩子值得肯定的地方,事情越小越好,然后把他的具体表现写在小纸条上投入玻璃瓶。每天晚饭后或早餐时,可以由家长抽取一张纸条,朗读上面的内容。这样做的目的,是让孩子理解,我们表扬的是他的具体行为,激发他不断向好的态度。

2. 积极思维树

在家里准备一张大纸,让孩子画一棵大树,树干上写着"我喜欢自己"。多画一些枝丫,每个枝丫上面画一个云朵,鼓励孩子在每个云朵里记录自己"积极做好事"的简要内容,时不时增加内容。我们可以把这张大纸贴在客厅里。

延伸小贴士

心理学上有个"罗森塔尔效应"。

1968年,美国心理学家罗森塔尔和雅克布森对橡树学校各年级的同学进行了 IQ 测验。罗森塔尔告诉那里的老师,学生接受的是"哈佛应变能力测验",该测验的成绩可以预测学生未来在学术上的成就,而实际上 IQ 测试不具备这种预测能力。

测试后,罗森塔尔在每个班中随机抽取了十名学生,告诉那里的老师这些是在哈佛测验中成绩排名前十的学生。

学年结束时,罗森塔尔再次对全体学生进行了一次 IQ 测验，并且统计每位学生 IQ 的变化程度。结果显示，那些随机抽取作为哈佛测验前十名的学生，IQ 明显比其他学生提高得多。

这些学生并没有本质上的差别，唯一的解释就是，老师以为这些随机抽取的学生智商比较高，因此对这些学生有了更多的期望，这些期望无意识地表现出来并且被学生感知到，从而使这部分学生更加努力地提高自己，结果他们的 IQ 提高得更多。

这一结果表明，老师的期望会传递给被期望的学生并产生鼓励效应，使其朝着老师期望的方向变化。

虽然这是一个在学校做的实验，但是我觉得这对家长应该也有很大的启发作用。

五、如何缓解孩子的考试焦虑

导言

中考焦虑,是初三学生家庭难以避免的心理历程。如何引导孩子建立平稳、积极、自信的迎考心态,是这些家庭要认真对待的"功课"。

案例

> 我的一位读者薛妈告诉我,她女儿在重点中学读初三,压力很大。女儿说,有时很害怕进班级的门,因为里面气压很低,每个人都愁眉苦脸,每天就是拼命地刷题刷题刷题。同学们的考试压力都很大。
> "你不要紧张,要适当休息。"薛妈这样劝慰女儿。
> 但是这样的劝慰,对女儿来说就像白开水一样,

索然无味,丝毫起不了作用。

这天早晨,薛妈整理女儿的床铺时,无意中发现女儿枕头上有好些掉落的头发。"女儿怎么焦虑成这个样子?"她心慌了,赶紧来向我求助。

我问她:"女儿有目标高中吗?"

薛妈回答说:"有的有的,她一直念叨着要考本区的一所重点高中……"

"这样,你引荐一下,我和女儿班主任聊一聊。"我这样说。

我给薛妈女儿的班主任出了个主意,用来调整全班同学的迎考心态。这个主意立即被采纳了。

这个主意是这样的:让班上每个孩子写下希望考取的高中并贴在教室的墙上,然后,每天早晨,无论哪个同学走进教室,全班同学都齐声呼喊:"×××,你一定能考上××高中!你能行!加油!加油!加油!"

后来,薛妈的女儿说,没想到这个办法真的有神奇的力量。那些备考的日子里,每一次走进教室,都能听到同学温暖的呼喊,看到同学充满信任的眼睛,她常常热泪盈眶,心底不由升腾出一股力量。同时,她也是给予其他同学力量的那个人,其他同学进班级的时候,她也会发自内心地鼓励同学。

薛妈向我反馈说,那段时间,女儿仿佛变了一个人,虽

> 然辛苦，但精神状态明显好转。最后薛妈的女儿发挥正常，如愿考取了理想的重点高中。而薛妈女儿所在的那个班，成为全校重点高中录取率最高的班级。

解析

心理学研究表明，孩子在人生早期，通过养育者的反应来认识自我、了解自我。如果得到的反馈是自己有力量、值得信任，孩子可以唤醒内在的资源去发展自己。

随着孩子慢慢长大，特别是进入青少年时期之后，在他的社会化过程中，同伴关系作为人际关系的重要内容，其作用逐渐增强。良好的同伴关系有利于青少年社会价值的获得、社会能力的培养、学业的顺利完成以及人格的健康发展。

有时，青少年的家长不能理解，为什么孩子为同伴一句不中听的话会耿耿于怀甚至伤心好一阵子。其实，这就是因为青少年对自我的认知评价、个体社会化的发展等成长进程都是在与同伴交往中逐步完成的。他们渴望得到同伴的认可，渴望融入同伴交往的氛围中。

面对初三学生的中考压力，很多父母恐怕没有想到的是，用"同伴欣赏"作为开启孩子心门的钥匙。

其实，人性的本质就是渴望被欣赏。十几岁的少年能得到同伴的欣赏、信任和鼓励，这种状态一定会激发孩子本身的潜能，让孩子变成一个自信强大的人。拥有这把"宝剑"的孩子一定会在生活中披荆斩棘，勇往直前。

孩子的自信不但可以来自同伴，甚至可以来自陌生人。

我在我的家教书《培养孩子的社会情商》（家长版）里，写过一个我和儿子米奇在敦煌鸣沙山爬山的故事。

2018年8月，我和米爸带着当时14岁的米奇去敦煌玩了几天。有一天，我们很早就起来，为的是一睹鸣沙山的日出。看日出的最佳地点是露营的营地旁边的沙山上。这座沙山目测高约100米，坡度为75°左右。

我和米奇开始登山时，米爸早我们一步，已经登上了山顶。我和米奇提了一口气开始攀登沙山。有沙漠徒步经历的朋友应该知道，攀爬沙山特别难，经常走两步陷一步，十分吃力。这座沙山特别陡，我们俩好不容易才爬到沙山的三分之二处，当时累得气喘吁吁，甚至有放弃的打算。

这时，率先到达山顶的米爸连同几个陌生人，一起朝我们大喊："加油，米奇！加油，米妈！你们肯定行！"说来神奇，我们仿佛被注入了一股神奇的力量，咬紧牙关，一口气冲到了山顶。我们做到了！我和米奇忍不住击掌庆贺。眺望沙漠的尽头，一轮旭日正冉冉升起，好壮观！

事后，14岁的米奇兴奋地告诉我："被别人信任的感觉真好！"这些陌生人居然都相信我们一定能爬上去，我们仿佛接收到了他们的"信任磁场"，浑身上下充满了"我能行"的力量，最终一鼓作气征服了沙山。

📎 建议

对于中学生高强度的"分数压力",家长这样做,能收获更好的亲子关系。

1. 父母在家不要当着孩子的面谈论孩子的分数,多谈论他的爱好或社交

很多家长为什么打不开孩子的心门?是因为他们总是把学习和分数挂在嘴上。孩子一听就烦,就把自己的嘴巴装上了一根"拉链"。动不动就谈论分数的家庭,气压极低,只会增加孩子的压力和焦虑。

我建议,如果父母想跟孩子有一个良性的沟通,可以多从他喜欢的话题开始。孩子的身心平稳健康,会有助于他的学业发展和人格发展。

2. 让孩子养成运动的习惯

脑科学家洪兰说,教室和办公室是对大脑不利的地方,因为人类在进化的过程中,每天需要运动。我们在运动的时候,大脑会产生正向情绪的神经传导物质多巴胺,这对情绪、健康都有利。

洪兰非常推崇孩子放学回家第一件事不是写作业,而是运动。因为运动的时候,大脑的血液循环速度加快,神经细胞会获得较多的氧气和养分,对脑力发展有帮助。运动还可以增强孩子的免疫系统,帮助他们对抗压力。能抗压的孩子,自信心不会差。

3. 自己给自己出考卷

我在采访中认识一个女孩,她从小就喜欢自己给自己出考卷,她把错题都举一反三出在自己的考卷里。你也可以把这样的卷子理解为她自己的"错题集"。这样有的放矢地学习,她对待考试就会有平常心,就能很好地稀释考试压力。

六、如何看见"慢孩子"的潜力

导言

你家有"慢孩子"吗？他们可能注意力不太集中，可能做事比较慢，甚至经常发呆……"慢孩子"就一定是"笨孩子"吗？我绝不这么认为。

今天分享两个故事，我们一起探寻一下：家有"慢孩子"，我们如何提升他们的自信力，帮他们找到自我的位置，实现他们独有的价值。

案例

> 作家池莉和她的女儿亦池的故事非常值得分享。
> 用池莉自己的话来说，她的女儿天分平常，小时候甚至有些憨憨傻傻的，敏感而自闭。

有一次,女儿缠着妈妈玩游戏,妈妈太忙,就不耐烦地瞪了她一眼。结果这孩子就不哭不闹躲在自己的被窝里面,一直不肯出来。

池莉过去一看,这孩子两眼傻傻地盯着天花板。池莉赶紧道歉,孩子的眼泪哗哗地流了下来。

女儿和爸爸的相处也很艰难。只要爸爸脸色不好,小亦池就会紧张得瑟瑟发抖。有一次她无意当中碰翻了一瓶止咳糖浆,把地板弄得一塌糊涂,爸爸非常生气,小亦池吓得赶紧钻到了桌子底下,整整一个下午都不肯出来。

在那个热衷比较的年代,这样一个特殊的女儿,在家族聚会当中,也是险象环生。和其他孩子相比,她就是显得什么都慢一拍,木讷、敏感,不像其他孩子活泼开朗,深得家长的喜欢。

面对这样一个别人眼中的"笨女儿",池莉做出了一个教科书一样的范本。

首先,她从心底里相信,孩子一定会慢慢地成长好。

她说:我必须以"溺爱"增强我孩子的软肋。好让她逐渐适应这个社会,适应竞争社会的环境。也许她性格中有天生难以改变的部分,但我可以尝试促进她的心理素质更加强健和强大,慢慢变得不那么胆怯害怕,慢慢往人群当中去。

像这样的孩子,在学校里其实滋味很难受的,老师和

六、如何看见"慢孩子"的潜力

同学都不待见她。池莉深知这一点,所以她非常鲜明地用行动向女儿证明:我是你的后路,我会保护你。

她曾经举过一个例子:亦池初上小学,她就找他们的校长谈过。她说:如果校长再在学校大会上不指名地讽刺我孩子是因为妈妈有名才得以进校的,我会找报社、找教委、找教育局。

在池莉坚定的爱护之下,女儿的内在潜能在小升初的时候被唤醒了,最终考取了武汉最好的一所学校,对比她小时候的表现,真的是堪称奇迹。

在妈妈的引导下,女儿的性格慢慢变得开朗,甚至有了独当一面的魄力。后来,她毕业于英国伦敦政治经济学院,现在从事市场活动策划、小说翻译。

另外一个"慢孩子"的故事出自周志文教授家里。他自述有个"笨女儿"球儿,和其他同龄孩子相比,球儿的理解能力、记忆能力都慢几拍。女儿的成绩单上,红的比蓝的多,不仅英文、数学、物理、化学会不及格,历史、公民有时候也会不及格。

孩子妈妈是老师,为她请了家教,但还是跟不上。对于这样的一个孩子,夫妻俩一点奢望都不敢有。在学校里,女儿也是苦苦挣扎,在被孤立、被嘲笑的环境中生活了好多年。

女儿的命运转折点,来自一个钢琴老师。在看过女儿弹琴之后,老师说:"你看她这么小的年纪,弹起琴来却有大将之风啊!"

可是,在周教授眼里,女儿弹琴经常犯错,记谱能力也不是很好。经过老师提醒,他仔细观察孩子,发现她谱子记熟了又弹熟了之后,确实有一些和别的孩子不同的地方——她弹得比人家"连贯"一些,而且起伏强弱,好像不经老师特别指点,就有体悟,这可能就是老师说的"大将之风"吧。

后来在父母的呵护之下,女儿一直把音乐作为自己生命当中非常重要的部分,一直没有放弃对音乐的追求,最终考取了非常难考的东海大学音乐系。

之后,女儿又考取了美国的马里兰大学,以相当好的成绩毕业。周教授和妻子特地赶去参加了女儿的毕业演奏会。

毕业演奏会时有个细节,我特别想和大家分享。

妈妈知道女儿还是跟小时候一样容易紧张,知道女儿坐在钢琴前练习时,要不时用手帕擦手,妈妈就默默替她换上一条新的,然后小心地帮她把脖子上的汗擦去。

最后女儿的毕业演出大获成功。

这样一个别人眼中的"笨"女孩,后来被全美音乐系排名 Top 10 的辛辛那提大学以全额奖学金录取为博士。

六、如何看见"慢孩子"的潜力

解析

这里分享以上两个"慢孩子"的故事,重点想谈家庭教育中的"尊重差异性和独特性"这个话题。

个体心理学创始人阿德勒说,只有认可孩子的独特性,给予尊重和平等感,允许他按照自己的速度成长,这样孩子才会有安全感和被认可感,才会在征服困难中感到自己的力量,不害怕尝试和失败,以安全和友善的眼光看世界。

在国家"双减"政策发布之前,中国的"教育内卷"现象非常严重。那些像打了鸡血似的父母,在资本的推波助澜中失了方寸,恨不得从娘胎里就开启"内卷模式"。这对所有孩子,尤其对那些"慢孩子"相当不利。

无论是池莉,还是周志文,对孩子都保持着一种"尊重差异性和独特性"的教养思想,背后是对孩子坚定的信任和尊重。他们不为外界的评价和比较所动,坚持做孩子的后盾,给孩子底气和信心。

关于独特性,复旦大学哲学博士陈果在她的著作中有一个很好的隐喻:只有当大家都是猴子,都要爬树的时候,才会出现竞争。如果你发现自己是条鱼,那么你要做的就是游泳,根本不需要去加入爬树者的竞争行列。

你的孩子是猴子还是鱼?这需要你和他一起去探究——发现他的独特性,尊重他的差异性,然后把他的特点优点放大。

案例中的池莉,用坚定的爱包围"木讷内向"的女儿,尊重她的差异性——我就是比别人慢半拍,最终唤醒了女儿的内驱力;而周志文,在老师的提醒下,发现"笨女儿"弹琴上面的独特性——"大将之风",最终坚定不移地信任孩子,推动孩子在音乐的道路上持续进步。

发现孩子的独特性,还体现在"只关心自己的标准"上。

十几岁的奥运冠军全红婵,在接受媒体采访时说过一句话:"你就想着自己超过自己就行了。"正是这个思想鼓舞着她以五跳三跳满分、总分466.2的成绩,打破世界纪录,夺得东京奥运会跳水项目女子单人10米跳台金牌。这个思想和日本著名作家村上春树观点完全一致。

村上春树在《当我谈跑步时我谈些什么》这本书里,深刻地表达了"把自己当作竞争者"的观点,他用的方法其实很简单,就是"只关心自己的标准"。

"我每日一面跑步,一面将目标的横杆一点点地提高,通过超越这高度来提高自己……我超越了昨天的自己,哪怕只是那么一丁点儿,才更为重要。"

这是一种非常清醒的自知——我是独一无二的,不用跟任何人比。我的独特性就体现在,我和过去的自己比较。

另外,我还想说的一点就是,在"以快为美"的教养环境的裹挟中,青少年还容易丧失对真实环境的感知能力,严重缺乏现实感和真实感,这是他们"孤独病"的源头之一。

有些家长希望孩子心无旁骛地快速成长甚至成功,恨不得孩子一夜之间达到人生巅峰。与此同时,很多青少年用拖延、叛逆、出逃、钻到虚拟世界等方式来寻求心理满足。这些"隐形的孤独的慢孩子"也要引起父母足够的重视。

📎 **建议**

对于发展速度比较慢的孩子,家长这样做,能收获更好的效果和更好的亲子关系。

1. 父母示弱,甚至故意犯错

让孩子感觉到,父母也不是完美的人,也会犯错,孩子才能放下焦虑,接纳自己的"慢"。

在我们家,我和米爸经常会故意犯些小错,然后当着米奇的面,对错误进行承认和归因,这些动作都是在告诉他:犯错并不可怕,只要我们慢慢学会归因,将来反而会感激犯错,因为犯错可以让我们学到更多经验和教训。

2. 降低期待和目标

对于"慢孩子"而言,任何超前的要求都会激发他的怯懦和自卑。不妨实事求是地把目标定得低一点,让他伸手就能够到。长此以往,能激发他内心"我能行"的信念。

3. 让孩子和你一起做家务

做家务是最容易激发普通孩子自信的好途径。

脑科学家洪兰老师曾说,她的儿子上学时每天放学回家后的第一件事不是立即进卧室学习,而是进厨房给妈妈打下手。这看似浪费时间的做法,其实是通过家务让孩子一天的紧张学习做了一个缓冲。这样不但能培养他的家庭责任感,更能增加他的自信——"原来我可以"。

💡 延伸小贴士

分享一本书里的文字,我们一起品味"慢养孩子"的滋味。

上帝给我一个任务,叫我牵一只蜗牛去散步。

我不能走得太快,蜗牛已经尽力爬,每次总是挪那么一点点。

我催它,我唬它,我责备它,

蜗牛用抱歉的眼光看着我,仿佛说:"人家已经尽了全力!"

我拉它,我扯它,我甚至想踢它,

蜗牛受了伤,它流着汗,喘着气,往前爬……

……

咦?

我闻到花香,原来这边有个花园。

我感到微风吹来,原来夜里的风这么温柔。

慢着!

我听到鸟声,我听到虫鸣,

我看到满天的星斗多亮丽。

咦?

以前怎么没有这些体会?

我忽然想起来,

六、如何看见"慢孩子"的潜力

莫非是我弄错了!
原来上帝是叫蜗牛牵我去散步。

——节选自张文亮《牵一只蜗牛去散步》

第二篇

生命教育

一、警惕网络游戏中的"暗网"

导言

我在很多采访中发现,不少家长对孩子情感忽视却不以为然,认为这不是什么大问题,甚至有些家长觉得孩子有些奇怪的表现是因为矫情,而不是因为家长的忽视。

下面这个案例的主人公,是一个名叫珊珊(化名)的14岁女孩,因为现实家庭的情感忽视,她在网络上迷失了自己,在所谓"朋友"的引诱下,把自己的生命推向了黑暗深渊的边缘。

案例

一个冬天的中午,一个看似普通的快递送到了14岁少女珊珊的家里。

妈妈打开快递仔细一看,竟是一大瓶安眠药!

"谁要吃安眠药？"妈妈一惊。

"谁让你拆快递了？"珊珊跑过来一把抢过盒子。

发出快递的人，是珊珊在QQ群里认识的一个朋友，叫小黑（化名）。在小黑等"朋友"的带领下，珊珊深陷在一场网络暗黑游戏中，她闯过了一个又一个关卡，包括在身上刻指定图案、服用特殊药物、看暴力视频等等。

现在，游戏已经接近终点。小黑告诉她，只要吞下药片，结束生命，她就会成为这场游戏的最后赢家，获得"重生"。

珊珊对此深信不疑。

虽然只是网友，但珊珊觉得，小黑是这个世界上最值得信任的人。小黑陆续向她提出借钱周转，每次，珊珊都无条件相信这个网络好友。

于是，她一次次向妈妈开口。

"妈妈，钢琴培训的学费要交了。"

"妈妈，我手机坏了，要买个新的。"

"妈妈，电脑不好用了，修了半天还是修不好，你转钱给我，我得买个新的……"

但是，小黑从来不提还钱的事情——是啊，如果珊珊真的听了他的话，吞了那么多安眠药，小黑哪还需要还钱？！

为什么这样明显的一个陷阱，珊珊却看不出来呢？

珊珊的爸爸妈妈在她很小的时候就离异了。爸爸不

一、警惕网络游戏中的"暗网"

知所踪,妈妈为了生计忙得不可开交,对珊珊也无暇关注。性格内向的她,在学校没有一个朋友。

就这样,珊珊在压抑的环境中读到初二。当她接触到了网络游戏后,就像溺水的人找到木头一样,很快就在游戏中找到了寄托。她在聊天对话框中流露出悲观情绪。这个细节很快让"朋友"小黑注意到了——他知道,"猎物"来了。

他耐心地和珊珊聊天,听她发泄对爸爸妈妈的不满、对学校的厌恶,还不断安慰她。珊珊觉得,自己好幸运,能碰到这样知心的朋友。

小黑还经常约她见面、吃饭、送她礼物。她并没有察觉,一场可怕的"死亡游戏"已经拉开了序幕。

眼看时机成熟,小黑对珊珊说,既然你那么讨厌这个家庭,不如早点结束生命,然后获得一条新的生命。在小黑的洗脑下,珊珊像着了魔一样,完成了他交代的一道道"游戏关卡"……

游戏的最后一关,就是服用安眠药。如果成功服药,珊珊就通关结束,成为这场暗黑游戏的牺牲品。

好在,本文开头的一幕发生后,慌乱中的珊珊妈妈做了正确的选择:报警。

三 解析

14岁的珊珊,按说正是风华正茂的年纪,但不幸的是,她的家庭环境十分糟糕，爸爸不在身边，妈妈对她情感忽视，让她处在极度缺爱的状态里，所以当一个忽然示好的陌生人出现时，她会连同自己的生命一起交给他。

情感忽视，是指青少年对父母在自身成长中的关心、关注、关怀、关爱等情感缺失的认知和评价。

一项来自哈尔滨、成都和四川甘孜三所高中的 980 名初一至高二年级在校学生的调查显示，有情感忽视经历的青少年占青少年总人数的 45.3%，且女生高于男生，初中生高于高中生，父母文化程度低的高于父母文化程度高的。青少年情感忽视程度越高，个体越容易有攻击行为倾向或对生命冷漠现象。

这个故事还提醒家长，千万不要让孩子接触暗网。

暗网是在正常网络下搜索不到、需要利用特殊技术才能进入的网络空间。暗网里面充斥着各种毒品、色情、恐怖等信息和游戏。

有一款源自俄罗斯的暗黑游戏，是一个臭名昭著的死亡游戏，游戏的参与者在 10 至 14 岁之间，完全顺从游戏组织者的摆布与威胁，凡是参与的人没有能够活下来的，已经有约 130 名俄罗斯青少年因此自杀。

这款游戏借由网络，从俄罗斯传到世界上其他好几个国家。值得庆幸的是，在中国，因为有严厉的网络管理，这个游戏没有生存的土壤。但面对类似的暗网游戏的诱惑，家长一定要提高警惕，让孩子时刻有"绝对说 No"的这根弦。

> 建议

如何让孩子在真实世界体验生命的珍贵，珍惜来之不易的生命？家长这样做，不仅能让孩子珍爱生命，还能收获更好的亲子关系。

1. 和孩子一起长期照顾一种植物或动物

在照顾绿植或小动物的过程中，孩子能体验到自己的重要性，提高孩子的生命价值感，也能收获和父母一起守护生命的快乐感觉。

2. 为孩子制订一个长期的、持续的助人计划

比如，对于喜欢乐器的孩子，父母可以经常带他去儿童福利院或养老院，让他演奏乐器给这些地方的孩子或老人听；对于喜欢踢球的孩子，父母可以鼓励他教更小的孩子踢球；等等。鼓励孩子多做好事，多帮助别人，这样他知道有人需要他，就不容易放弃自己。

3. 引导孩子建立积极的社交圈

不要让孩子和消极厌世的人经常待在一起，因为这些人的情绪会传染给孩子，会加大孩子的负面情绪。

二、提高生存技能,助人助己

导言

作为一个12至18岁的大孩子,学习生存技能是迫在眉睫的必修课。在全国各地,越来越多的学校把培训学生的急救知识和技能引入课堂,这是非常可喜的事情。

提高青少年的生存技能,是生命教育的重要部分,不但能够保护自己,也可以造福他人。从个人、家庭以及社会层面来说,这都具有非常积极的意义。

案例

> 晚上8点多,高一男生小盛(化名)从学校回家。
> 彼时,63岁的王老伯刚参加完一场老同学聚会。一行人意犹未尽,陆续走出饭店。突然,王老伯一阵抽搐,一

二、提高生存技能，助人助己

头栽到了地上，身边的老同学们个个吓得手足无措，其中一个老阿姨急得哭出了声。

这一幕，正好被小盛看到。他立马上前，先用海姆立克急救法拍压老人的身体，看到没有食物吐出，他初步排除了老人被食物噎住的可能性。

小盛继续观察，发现老人身下有液体流出，立即判断老人已经尿失禁了！再看老人脉搏微弱，体温也越来越低。小盛判断：老人很可能要心脏骤停了！

小盛在脑海里迅速搜索在学校里学的急救知识。他沉着地疏散开围观的市民，解开老人胸前的纽扣，开始对老人进行心肺复苏术急救。

实施心肺复苏术，不但需要专业的体外按压手法，还需要很大的体力。幸运的是，小盛平时喜欢运动，手劲和耐力都很大。

经过五六分钟的连续按压，王老伯奇迹般地有了自主呼吸！他的老同学们激动地欢呼起来。这时，120急救车也火速赶到。

王老伯被送到医院后，诊断结果是大面积心梗，幸亏小盛的急救为他争取到了"救人黄金4分钟"。王老伯的命保住了。

得救后逐渐康复的王老伯，当然要寻找自己的"救命恩人"，但茫茫人海从哪里下手呢？他从老同学拍摄的现场图片中,看到了小盛校服上的学校名称,最终找到了这个勇敢善良的少年。

原来,小盛从小就喜欢医学,看了不少医学书籍。他就读的小学、初中、高中,每所学校都设有急救课程。高一新生军训时,他还进行了心肺复苏和救护包扎技能培训并通过了专业考核。

话虽如此,但是"真刀实枪"地救人,对一个15岁的少年来说,还是一个巨大的挑战。"我不能眼睁睁看着一条生命在我眼前消失……也顾不得那么多了。"小盛说。

他后来回忆道,其实在事发不远处有一家酒店,当时太急没有想到,如果当时让人去酒店借一个AED设备来,也许能更加高效地救人。

解析

我特别喜欢小盛的这句话:"我不能眼睁睁看着一条生命在我眼前消失……也顾不得那么多了。"

除了对生命的敬畏和尊重以外,他还有一份浓浓的社会责任感。这在当下,特别值得提倡。

这里,我们重点谈谈生命教育中的一个重要环节:提高生存技能。

在上面这个故事中,小盛掌握了不少急救知识,并且在危急时刻把学过的知识变成了真正的救人技能。从"知道"到

二、提高生存技能，助人助己

"做到"，这是非常不容易的跨越，故事里小盛的行为是生存技能的教科书式的表现。

我们来看看故事里提到的三个概念。

第一，海姆立克急救法。

这种急救法在国际上非常知名，是美国医生海姆立克先生发明的。1974年，他首先应用这个急救法，成功抢救了一名因食物堵塞呼吸道而窒息的患者，从此这种急救法在全世界被广泛应用，拯救了大量的患者。

虽然故事里的王老伯不是因为食物噎住而栽倒，但是小盛在第一时间不知情的情况下，还是迅速用"海姆立克急救法"排除了他被食物噎住的可能。

就在最近，我看到两则新闻，都和"海姆立克急救法"有关。一则新闻是，一个青年在火锅店吃饭时突然被食物噎住，一时上气不接下气，情况非常危急，幸好旁边有一位女性懂得这种急救法，立刻使用这种救急法解救了他。

另外一则新闻是，一个小女孩被一颗糖果堵住了呼吸道，情况十分危急。她的父亲临危不乱，立即用这种急救法把孩子呼吸道里的糖果拍打了出来。小女孩随即脱离危险。

在生活中，急性呼吸道异物堵塞并不少见，严重的情况可能致人因缺氧而意外死亡。如果我们和孩子都学会这种急救法，不但能够救助身边的亲人，也有可能救助到陌生人。真是善莫大焉。

第二，心肺复苏术。

心肺复苏术简称 CPR,是针对骤停的心脏和呼吸采取的救命技术,目的是为了恢复患者自主呼吸和自主循环。

故事中的小盛,因为有基本的医学常识,很快判断出王老伯有心脏骤停的迹象,于是运用学过的心肺复苏急救技能,加上很好的体力,成功抢救了王老伯,十分惊险,也十分精彩。

心搏骤停的患者,如果无法得到及时抢救,会很快失去生命。但如果在 4 分钟之内及时采取正确有效的复苏措施,患者有可能被挽回生命。

第三,AED 急救设备。

据有关资料显示,我国每年心脏性猝死人数超过 54 万,相当于每分钟约有 1 人发生心脏性猝死。一旦患者发生心脏骤停,4 分钟以后的存活率将急剧下降,大脑也将遭受不可逆的损伤。

在这"黄金 4 分钟"内,除了拨打急救电话,我们还能做些什么?

故事中的小盛提到了附近酒店的 AED 设备,这种设备学名叫"自动体外除颤器",这是一种能够自动识别异常心律并给予电击除颤的急救设备,抢救心跳骤停患者的成功率远高于徒手心肺复苏。它最大的特点就是,使用者不需要具备专业的急救背景,只要在接受一定时间的培训后,就能使用这个"救命神器"。它能极大地提高急救效果,达到挽救生命的目的。

我很希望,父母们都能够帮助中学生孩子像故事中的小盛一样学一些专业的急救知识，于己于人都大有裨益。让我们的"微光"照亮城市的黑夜，给予生命更浓重的华彩。

建议

如何提高孩子的生存技能？家长这样做，不仅能提高孩子的生存技能，还能收获更好的亲子关系。

1. 收起"看热闹"的好奇心，遇到危险及时离开

告诉孩子，遇到危险不要凑热闹，而是要快速离开危险地带。人过多的地方尽量不要去，防止踩踏事故。作为一个未成年人，"跑"是第一要诀，跑到安全的地方，再让大人施救。千万不要不顾安全，盲目前去凑热闹。这样的悲剧已发生过多次！

2. 掌握火灾、水灾等自救技能

牢固掌握一些自救和救生技能知识，并且能够把书面知识化作生活知识。家长可以在家里经常和孩子演练一下，既增进亲子关系，又增加孩子的自救技能。新闻里也多次报道孩子在家、在校发生火灾时如何冷静自救的故事，可以朗读给孩子听，然后互相讨论，加深印象。

3. 掌握专业的救人技术

救人的前提一是要确保自身安全，二是要熟练掌握专业技能。要鼓励初中、高中的孩子积极参加学校、社区等地方举办的生存训练和急救活动。本案例中的小盛同学，因为已经熟练掌握了心肺复苏术，所以在关键时刻能救助危急病人。

延伸小贴士

2019年12月,某地发生一起一男子持刀砍人的事件。我据此给读初中的儿子米奇写了一封信,可以算是家庭生命教育的一个探索,现在分享给大家。

米奇:

今天早上我遛狗时陪你走了一段上学路。路上,我说了一则新鲜滚烫的新闻给你听。可惜早上时间紧,我来不及细说,你就到学校了。我回家打开电脑,敲打以下文字送给你。

事情就发生在昨晚8点左右,一男子持刀砍人。民警迅速到场处置。肇事男子对民警的多次警告置若罔闻,突然挥舞菜刀冲向群众和民警。

为确保周边群众安全,民警果断开枪将其击伤并迅速送医救治(暂无生命危险)。在警方处警的过程中,另有2名路人分别被子弹擦伤颧骨、手臂(均无生命危险)。

为什么会这样?现场视频显示:拍摄者距离处警现场目测5米左右,包括拍摄者在内的几个路人,距离事发现场都非常近,甚至有人听到枪响反而凑了上去,拿起手机也拍摄起来。这样危险的时刻,他们不是远离事件中心,居然是去凑热闹!

米奇,还记得那年某小学附近歹徒砍人致死的恶性事件吗？我当时就跟你谈及：遇到危险事件，作为孩子，你该怎么办？

就是一个字：跑。

这是我作为母亲，第一时间的真实想法，非常强烈，特别特别想告诉你。孩子，遇到突发，遇到坏人，别凑热闹，别犹豫，拼命地跑！找到大人多的地方，找到适合掩藏的地方。把你的好奇心用在探究知识上，而不是用在危险场景里！

关于"别凑热闹"，妈妈还有一个事件与你简短分享。妈妈的一个媒体朋友，亲口告诉我多年前发生在市中心某地的一个惨事，两群年轻人持刀斗殴，一个路过的青年因为好奇，上前"凑热闹"，结果被误伤致死。从此一对夫妻中年失独，孤独终老。

孩子，妈妈跟你说这些，不是要加深你的恐惧。事实上，你遇到这类事件的概率非常低。

这个世界总有太阳照不到的阴暗地方，就像我们的身体总有细菌存在一样。我们要做的，就是学会一个自救的技能，类似给自己的生命安全存一份"保险"。也许你一生都用不到这份"保险"，但是，你存在那里，就会更无畏地拥抱这个社会。

祝你平安。

爱你的妈妈
2019年12月16日 晨

三、如何应对电梯险境

导言

电梯是城市孩子几乎每天都会用到的"楼宇里的交通工具"。对于电梯安全的常识,你是否给孩子普及过,甚至演练过?当故障和意外来临的时候,你能确保孩子临危不乱吗?

案例

放学之后,初三学生小孙独自回家,和往常并没什么两样。他进入电梯,想着很快就可以到家了。电梯到四楼时,突然停滞不动了。

小孙想到平日学的电梯遇险知识,他快速按下电梯里的每一层按键,防止电梯下坠,但是,电梯按键都没反应。

三、如何应对电梯险境

打电话?! 可是,他身上没带手机。

大声呼救?! 但楼梯间没人经过。再说,这幢楼有两部电梯,估计其他人都乘坐另外一部电梯了。

电梯门有一条小小的缝,要不把门扒开来,挤出去?! 但小孙突然想起,扒门是电梯里最危险的动作! 如果电梯突然坠落会有生命危险!

小孙在脑海里把知道的所有办法都想了一遍,最后又都全盘否定了。他试着呼救了好几次,但外面没有一点动静。

他急中生智写了一张呼救纸条,从电梯门缝塞了出去。纸条上写着:"里面有人,看到请帮忙求助一下物业!"

所有能做的他都做了,小孙准备冷静地等待。怎么打发时间呢? 他拿出书本铺在腿上,坐在书包上,把各科该背的内容默背了几遍。眼看电梯门还是没开,他索性把其他作业全部做完了。

大约等待了5个小时后,楼道里开始响起脚步声,人越来越多。

消防员在外面喊话,让小孙不要靠近电梯门,后退到里面。接着,他们开始用铁棍破门。消防员将门撬开一条缝后,先是用身体把门挤开,再用手撑着门,让小孙从打开的门缝里出来。

小孙得救了！

除了消防员、父母、邻居，小孙还看到，电梯外站着学校的老师和同学家长。

后来他得知，在他"失踪"的这5个小时里，可急坏了他的父母、老师和同学们。他妈妈联系了学校，报了警，给电台打了"寻人启事"电话。

很多家长都来帮忙寻找。多亏有个学生家长是警察，他比较有经验，领着大家开始一个楼层一个楼层地找，最后才发现孩子是被困在了电梯里。

事情发生后，当很多人得知被困电梯、冷静自救的小孙竟然在电梯里还把作业都写完了，不禁封了他一个称号："机智淡定哥"。

二 解析

电梯安全和我们每个人的生命安全息息相关。

因为不懂正确自救，不幸的事件时有发生。

比如，一个13岁的男孩乘坐电梯时，电梯突然上升到了6层和7层之间，且电梯门紧闭。男孩按"紧急通话"按钮、拍打电梯门求助，但都没有得到任何回应。之后，男孩在电梯里开始进行自救，他用一把长柄伞撬开了电梯门，然后试图自救，不幸意外身亡。

可见，电梯被困，最主要的不是考验我们的自救技术，而是考验我们的心理素质和应对能力。在日常的亲子沟通中，我们要教会孩子，生命受到威胁时，最重要的心理素质就是冷静。

比如，江苏常州有位居民家中失火，独自在家的13岁男孩发现客厅冒烟后，立即冷静地跑到卫生间关上门，打开淋浴花洒对准门缝喷洒，防止明火蔓延到卫生间。同时，他从卫生间窗户向楼下扔东西，并且大声呼救。很快，消防员赶到，将男孩顺利救了出来。网友称赞，这是教科书式的自救。

无论是等待还是行动，自救还是求救，核心都是冷静。人在紧张慌乱时，肾上腺素飙升，血液流向四肢，大脑容易一片空白，这时容易把事情越弄越糟糕。人只有在冷静时，才能对面临的情势做出理智判断，就是我们常说的"智商在线"。

建议

电梯安全与自救指南：

（1）当电梯突然停止运行，先按电梯内的警铃求救，一般警铃会连通到物业监控。

（2）若警铃无效，打电梯维修部门电话，同时通知家人。

（3）若情况紧急，直接拨打119火警电话。

（4）若上述方法无效或未带手机，不要扒门，不要跳动，可以间歇性地呼救或拍打电梯门，并冷静等待。

（5）电梯里不是密闭空间，没有窒息危险，可以靠在电梯内墙，时不时调整呼吸。

（6）如果电梯极速下坠，保护自己的最佳做法是：迅速把每层楼的按键都按下；整个背部和头部紧贴电梯内墙，呈一直线；如果电梯里有扶手，最好紧握扶手。一般情况下，电梯发生故障后，很快会引起注意，相关人员会来营救解决。切不可因一时情急，做出不安全的举动。

四、怎样让青春期孩子热爱生命

导言

人人称羡的学霸儿子怎么会突然放弃生命？父母到底应该如何跟青春期的孩子沟通？怎样才能培养出一个热爱生命、自信有勇气的孩子？

我们来看下面这个真实的案例。

案例

俊凯（化名）以优异的成绩考入了本市的一所重点高中。他的妈妈是一位中学教师，以严厉和敬业著称。俊凯考取重点高中之后，妈妈的同事、亲朋好友都来向她取经。

俊凯妈妈一高兴就搞了个聚会请大家大吃了一顿。儿子成了别人眼中的榜样，妈妈很骄傲、很欣慰。大家在聚会上不断地向俊凯妈妈讨教教养经验,俊凯妈妈自然滔滔不绝、毫无保留。大家没有意识到,一场毁灭性的灾难即将来临。

开学半个多月后,俊凯妈妈的同事惊愕地得知,俊凯跳楼自杀了。他们简直不敢相信,8月份大家还在庆祝他考上了重点高中,这才过去不到一个月,这么优秀的孩子怎么就没了?!之后,他们通过各种途径,慢慢拼凑出整件事情的来龙去脉。

俊凯在学习上一向很让人省心,但进入高中后,他和原来初中的一个互有好感的女同学谈起了恋爱,不仅如此,他还痴迷上了手机游戏。

俊凯妈妈知道后十分震怒,对俊凯"两罪并罚"——禁止早恋、没收手机。

一天,妈妈来接上完补习班的俊凯时,发现和儿子谈恋爱的那个女生,就站在补习班门口等俊凯。

等俊凯出来之后,俊凯妈妈毫不顾忌两个孩子的尊严,对女孩破口大骂,并严厉警告她不许再接近俊凯。女孩哭着跑开了,从此再也不敢和俊凯来往。

这件事彻底触怒了俊凯。在和妈妈抗争无效后,他愤然跑到附近的一幢大厦顶楼,不假思索地一跃而下。

"呼",他的身体重重落下。路人大吃一惊,纷纷尖叫起来。

> 而此时，俊凯还有一丝气息，他艰难地伸手求助，想让围观的路人赶紧打120。然而，当救护车疾驶而来时，俊凯已经停止了呼吸，从此和亲人阴阳两隔。

三 解析

这个案例来自我访谈的一个真实事件。虽然我做过多年的社会记者，恶性事件也经历过不少，但是每当我谈起这个案例时，总是仿佛看到俊凯渴望活下去的眼神随着时间的推移逐渐没有了亮光……刹那间，我的心揪在了一起，非常难受！

案例中的妈妈，教育风格过于严苛决绝、简单粗暴。"禁止早恋、没收手机"这样的"极端言行"，很容易招致处在青春期的青少年的反抗。在公开场合训斥那位女生的做法，可以说是这个妈妈最错误的行为。中学生把尊严看得比天还重，而妈妈却用"践踏"的方式，严重侵害了孩子的自尊。

我曾经还采访过一个案例。一位班主任到一个初中男生家里家访，爸爸当着老师的面，恶狠狠地训斥孩子："快回房间，待会我来好好收拾你！"等爸爸送走老师，打开儿子的房门，却发现他早已跳楼。幸好孩子被雨棚、树枝等挡了一下，得到缓冲，这才捡回一条命。孩子在医院悄悄告诉前来看望他的老师，他是被爸爸那句威胁他的话吓到了，慌不择路才做了傻事。

你看，父母的极端言行，对孩子的伤害有多大！

教育,是一门艺术。生命,是最珍贵的一次性用品。把这两句话理解透彻的父母才能培养出热爱生命、自信有勇气的孩子。

相反,任何粗暴的、践踏尊严的教育方式,都会对青春期的孩子造成很大的打击,甚至是致命的打击。要知道,没有无故就想自杀的孩子,只有让孩子想自杀的教子方式。父母长期罔顾青春期孩子的心理需求及自尊,这才是压垮孩子脆弱心灵的最后那根稻草。他们放弃生命,不但是为了逃离父母的"魔爪",更是他们认为的报复父母的最好方式。

另外,从脑科学的原理分析,青少年的前脑,即审慎的主管区域,在二十岁之前还未完全发育成熟,因此这个年龄段之前的青少年趋于冲动急躁,容易做出冒险的轻率决定或过激行为。这些过激行为一般都是因为某种特殊环境或事件的强烈刺激而引起,当事人有可能因情绪上的不稳和过于激动而无法控制自己的行为。悲剧一旦发生,后悔莫及。

建议

为了让孩子热爱生命、珍惜生命,家长这样做,不但能收到好的效果,还能收获更好的亲子关系。

1. 多用开放式提问

和孩子多用"你觉得呢""你怎么看"这样商量的语气说话。这样不但让他感觉到受尊重,而且可以激发他自己思考、自己处理问题的能力和意识。

2. 多让孩子自己做决定,并鼓励他为此负责

接纳孩子自己做决定后可能出现的糟糕后果,并且帮助他归纳原因,然后再次"出发"。

3. 不要对孩子使用极端言词

不要当面反复数落孩子,尤其不要用极端言语刺激孩子,比如"你真没用""你去死"之类。

做错事受批评理所应当,但对于青春期的孩子,要注意方式。比如用写纸条的方式批评或提建议,就是个稳妥的方式。

4. 让孩子了解必要的生存技能

不要让孩子总是埋头在书本当中或者网络游戏当中,要让孩子学会必要的生存技能。

> 延伸小贴士

分享英国诗人黛安·伦曼斯的诗《如果我能再次养大我的孩子》:

> 如果我能再次养大我的孩子,
> 我会,先蹲下,再温柔地诉说。
> 我会,多将拇指竖起,少用食指指点。
> 我会,拿出更多微笑给孩子。
> 如果我能再次养大我的孩子,
> 我会,少用眼睛看分数表,多用眼睛看优点。
> 我会,注意少一点责备,而去多一点关心。

我会,将板着的脸收藏,
而成为孩子的玩伴,
跟着孩子一起跑原野去看星星。
如果我能再次养大我的孩子,
我会,早早地将他推出门……尽管我很心疼。
我会,多拥抱,少搀扶。
我会,效法爱的力量,不再追求对权力的爱。
如果……
如果,已经没有如果,
我不再后悔过往行动,从当下开始。

第三篇

性教育

一、帮孩子树立正确的性观念和互联网防骗意识

导言

每天,我们都可能被手机、电脑网络上跳出来的一些不良信息烦扰着。有没有想过,你家的大孩子,也在这样的环境里,经受着诱惑和考验?那些专业的诈骗团伙,利用大孩子对性的认知偏差,向涉世未深的青少年伸出"魔爪"。

案例

小江是一名高二男生,平时除了做功课、吃饭、睡觉,他的大部分时间都耗在手机游戏和微信聊天上。他不知道,茫茫互联网的某一端,一双阴鸷的眼睛早就盯住了他。

这天晚上10点多,小江在微信上收到一个陌生人的"好友申请",看头像,是一个清纯可爱的美女,微信的名字

叫作薇薇。

他顺手点开了薇薇的朋友圈,发现里面有很多热辣的自拍照。薇薇大大的眼睛,仿佛给手机屏幕前的小江发射着难以抵挡的电波。他迫不及待地通过了验证,把薇薇加入了"好友"。

刚成为小江微信好友的这个薇薇,立即发出信息:"小哥哥,我是做主播的,刚开始做这行,业绩不大好,能不能帮我点个关注?"薇薇的第一句楚楚可怜的开场白,就让小江动心了。

按照薇薇的提示,小江很快安装好了直播APP,找到小姐姐的直播间,立即关注。

这时,薇薇又送上一波热烈的感谢:"小哥哥你真是大好人,这么热心帮助人。我该怎么感谢你呢?"

小江刚想回答:"不用客气,举手之劳嘛。"

还没等他打完字,薇薇的回馈已经发给他:"我给你一个独家福利吧!"

薇薇发出了视频邀请。

小江有点好奇,就按下了"接听"按钮。

穿着"清凉"的薇薇,在视频里向小江热情地打招呼。

小江还没来得及回应,薇薇已经开始搔首弄姿起来。

正在这时,薇薇双手抱在胸前,一副含羞状:"人家都给你看了,你也给人家看看嘛。"

一、帮孩子树立正确的性观念和互联网防骗意识

结束聊天没多久,"叮咚"——薇薇那边突然发来一个文件。

小江打开一看,里面全是自己手机通讯录里的联系人和电话!

"你这是什么意思?"小江觉得有些不对劲,向薇薇发出信息。

这时的薇薇完全变了一副面孔:"哪有白占的便宜?小帅哥,赶紧给这个账号打10 000元钱!明白吗?"

"啊,为什么要打钱?"小江又羞又气。

"不打钱?哼!那就让你的家人和同学好好看看你的真面目!"

"我一个学生,哪有那么多钱?"小江心跳加快,突然意识到了什么。

"没钱?好!过两天,有人会在你家小区贴满你的裸照,把你的视频发到你学校和网上,到时候你就是大网红了!"薇薇凶相毕露。

这可把小江吓坏了,他无法想象薇薇描绘的这个景象,而且看起来对方是认真的。但他实在不敢告诉爸爸妈妈,无奈之下,只能把自己的8 000多元压岁钱全给对方打了过去。

之后一段时间,对方并没有就此收手,几次三番勒索小江。小江再也无法正常学习,整日精神恍惚。

最后，小江实在熬不下去了，硬着头皮把事情向家人和盘托出。小江的爸爸妈妈立即报了警。警方顺藤摸瓜，一举抓获了这个网络诈骗团伙。

解析

作为大人，你是不是很难相信，孩子怎么就这么容易上当，被陌生人"裸聊"并敲诈？

事实上，很多青少年甚至成年人就是心存侥幸，认为一对一的网络空间，足够私密安全。殊不知，另一头的"美女"，全都是专业化的诈骗高手。从你添加他们开始，一个坑就已经挖好，就等你往下跳了。

基本的套路是这样的：诈骗者以"美女"身份诱导受害人"添加好友"，然后吸引受害人下载"直播软件"，以"裸聊"为诱饵让受害人入坑。下载的"直播软件"其实是个木马程序，能获取受害人的手机通讯录信息、短信及实时定位等功能，方便后续敲诈。

2018年，《中国青少年互联网使用及网络安全情况调研报告》指出，有24%的青少年每天上网时长达到2至4个小时。13.2%的网瘾青少年在"聊天"或"交友"上花费的时间最长，属于"网络关系成瘾"。在网络上容易上当受骗的，大多属于这类孩子。

男孩女孩进入青春期后，独立意识越来越浓厚，在他们的内心世界，对性的幻想逐渐抬头。他们在现实生活中的交往很有限，但网络为他们打开了一个无限的空间。网络本身的便捷、匿名、及时反馈和满足等特点，很容易让孩子沉迷其中。如果家长缺乏和青春期子女高质量的交流，那么，网络就成了孩子们的"情感洼地"。

另一方面，青少年在性知识上存在盲区。由于家庭或学校在孩子青春期的性生理、性心理、性伦理等方面教育的缺失，导致青少年很少向父母透露自己的想法，而可能选择向同伴知己倾诉，从互相交流中获得理解。更有一些青少年开始上网寻求与网友"无拘无束"交流，填补自己情感上的缺失，结果不知不觉就落入了网上陷阱。

"裸聊"之类的诈骗，不但会出现在男孩身上，也有可能出现在女孩身上。

《法制日报》在2019年报道过一起14岁初中女生小美（化名）被网友骗取裸照的经历。

对方自称自己15岁，在一个短视频APP上结识了小美。两人热络地聊天半个月之后，对方向小美提出，能不能给他发一张半身裸照，他保证只是自己珍藏，不让其他人看到。小美虽然心存顾虑，但还是答应了对方的请求，而这个举动成了她噩梦的开始。

此后，此人步步为营，对小美不断提出无理要求，从裸露照片到全裸视频，当初的恳求也变成了威胁。

最终，小美的妈妈发现女儿突然变得精神恍惚，一再追问后才了解了详情。小美的妈妈立即报了警。警方查明,小美所谓的 15 岁好友完全是虚构的,对方其实是一个已婚并且曾有过盗窃前科的 40 多岁的男人,经常通过各种网络社交软件聊天,选择小美这样的未成年人进行哄骗、威胁。之后,此人受到了法律的严厉制裁。

📎 建议

对于孩子性观念有所偏差,家长这样做,不仅能正确引导,还能收获更好的亲子关系。

1. 不要和"陌生人"说话

告诉孩子,提高警惕,拒绝诱惑,不要随意接受陌生网友的邀请和搭讪;不要随意点击来历不明的链接和下载来历不明的 APP(里面很有可能有木马病毒);不要随意向他人提供手机验证码。

2. 守住底线"不转账"

告诉孩子,如果个人信息、隐私遭受威胁并且受到敲诈勒索,记住千万不要转账。先稳住对方,然后要在第一时间告诉爸爸妈妈,并报警。要保存好所有相关聊天记录,不隐藏,不删除。

3. 父母大方地和孩子讨论异性话题

父母不要谈"性"色变,而是要利用写信、散步、家庭会议等方式,和孩子沟通性教育的知识。另外,要帮助孩子建立合适的异性交往渠道,鼓励孩子和同性、异性同伴积极交往,释放孩子青春期的性压力。

二、在封闭环境中如何保护自己

导言

到了中学,女孩子出落得亭亭玉立。这时,作为家长,有一门课一定要给孩子上——那就是性保护课。

到底应该怎样教女孩子进行性自我保护?我们先一起看看下面这个真实的案例。

案例

> 安迪(化名)是一名高二女生,她热爱运动,还学过防身术。暑假里,安迪因为学雅思,结识了表哥的一位朋友陆老师。
>
> 陆老师高中也考过雅思,分数不错,听说安迪在找辅导老师,就主动请缨,免费帮她补习了几次。

一来二往,安迪和陆老师渐渐熟悉起来。

暑假快结束了,陆老师发消息给安迪,约她和表哥一起喝个下午茶。出于礼貌,安迪去了。

到了咖啡馆后,她发现只有陆老师一人在包间里。

说是喝下午茶,但他却叫了十几瓶啤酒,而且他在等安迪的时候已经喝了不少。

"陆老师,我表哥怎么还没来呀?"安迪有点儿不解地问。

"哦,对了,你表哥刚才跟我说,学校里有事来不了了。"陆老师头都没抬说,"安迪,我发现你英语语感特好,暑假里我就给你点拨了这么几次,你进步飞快呀。"

陆老师一边说着,一边把椅子朝安迪这里挪了挪。

"谢谢陆老师,多亏了您。"安迪赶紧道谢。

安迪看着包房里就他们俩,却点了一桌菜,觉得有点儿怪怪的:为什么要在包间里喝下午茶?为什么说好喝茶又改成喝酒了?为什么说表哥来却又没来?

"陆老师,您今天找我有什么事吗?"安迪开门见山,只想找个机会尽快离开。

"没什么事啊,就是跟你聊聊天呗,平时只谈学习的事,压力挺大吧。"陆老师笑道。

"嗯,现在功课压力是挺大的,您要没其他什么事,我想回去做功课了。"安迪说完就想起身往外走。

二、在封闭环境中如何保护自己

陆老师急忙站起身:"别走嘛,菜都上来了!"

见安迪想要打开房门,陆老师竟然直扑上来抱住了她,一边想强吻,一边在她的胸部乱摸乱抓。

安迪又惊又怒,本能地开始反击。她学过女子防身术,没想到真用上了——

她迅速攻击陆老师的喉结处,让他立即住手,远离自己,然后抄起桌上的热水壶,拧开盖子朝他砸过去,最后迅速打开包间房门。

这三招干脆利落,一气呵成。陆老师没想到自己居然遇到了一个如此训练有素的女孩。他恶狠狠地想继续扑过来。

"服务员,服务员!"服务员循声而至。安迪夺门而出,终于避开了一场意外侵害。

三 解析

案例中的安迪,是我的一位受访者。她在父母的鼓励下,初中和高中阶段都学习过女子防身术。她的一系列动作,真是防性侵的绝佳示范。

据我了解,现在有些女子防身术的课程已经进入大学课堂。但是随着孩子发育年龄的提前和社交低龄化的情况越来越突出,我认为女生在高中甚至初中阶段就应该学习这种自卫技能。

初中、高中女生,一旦面临坏人,难免惊慌失措、方寸大乱。家长在日常教育中，首先要培养女生从心理上战胜坏人的能力。一旦遇到坏人侵犯，要做到头脑冷静，全神贯注于歹徒的一举一动，以便做出快速反应。

我在很多场合都呼吁，无论是女孩还是男孩，最好学一些防身术。防身术可以说是一个人行走世界的"金丝软甲"，因为有自我保护技能上的支持，你在心理上更有底气，散发的气场也不一样。有了这把"利器"，当遇到恶人时，你会让自己的身体迅速进入抵抗状态，有效保护自己。反之，没有练过防身术的人，遇到坏人侵害，很容易大脑一片空白，错失保护自己的时机。

此外，孩子到了中学阶段，家长可以适当地跟孩子交流一些"阳光照不到的地方"——利用和孩子吃晚餐的时间，选择一些合适的社会负面新闻，特别是一些少男少女被侵害的新闻，讲给孩子听。在讲述过程中，要注意细节不要过多，以免引起孩子的恐惧。然后因势利导，做一些正面的引导，也可以和孩子进行讨论，让孩子建立自我保护意识。

更进一步的方式是，带领孩子强身健体，甚至模拟侵害场景，让孩子进行角色体验。我有一位受访者于先生，他从小带领女儿和儿子练习拳击，还经常和孩子打对抗赛。

在女儿读高中时，这位父亲专门模拟了几种侵害场景，假如车厢里遇到"咸猪手"、假如办公室里遇到有人想侵犯、假如马路上有人跟踪等，手把手教女儿如何识别坏人，如何防范渣男。

我想，这样的家庭教育，不但让孩子学到了防身本领，还让她感受到了来自父母的支持和温暖。在这样的爱当中成长的孩子,眼里会显现真正的自信光芒。

建议

如何让孩子学会自我保护,不受性侵害?家长这样做,既能收获更有力量的孩子,也能收获更好的亲子关系。

1. 让孩子至少坚持学一种体育运动项目

让孩子坚持体育项目,或者你和孩子一起坚持某种运动,不但可以强身健体、收获互相鼓励的亲子关系,而且能让他保持灵活,遇到危险可以迅速进入防御状态。你去观察那些经过体育训练和没经过体育训练的孩子,会发现他们的身体灵活度完全不一样。

2. 模拟侵害场景,给孩子上性安全课

可以按照上文中我提到的于先生的做法,通过模拟场景,手把手给孩子上性安全课,教儿子或女儿如何自我保护,让孩子实实在在感受到父母的支持。这真的很重要。

3. 多留意孩子的表现

家长在日常生活中,心不要太大,要经常留意孩子的状态,如有异常及时了解,以防孩子把事闷在心里,错过救助时机。

三、警惕男孩被侵犯

导言

"咱们家是男孩,不吃亏!"如果你家有个男孩,会不会有以上的想法?如果有,我想说,请打住!

男孩也会被侵犯,这是不容忽视的现实。不信,一起来读读下面这个案例。

案例

15岁的天浩(化名)考上了一所很不错的高中。

这所学校有全国数学竞赛名师Q老师。他辅导的学生曾经多次在国际竞赛中拿到金牌。当年,有不少学生报考这所学校,就是希望能够得到Q老师的指导。

起初,一切都很顺利,Q老师对天浩关爱有加,天浩自然也成了数学竞赛的种子选手。

快到全国数学竞赛的时候，Q老师加紧了对选手们的辅导，除了在办公室，他还常常把学生单独带到家里，面授机宜。学生以为这是老师对自己的器重，根本想不到其实这是一个精心安排的陷阱。

那天，天浩在Q老师家里做完一套卷子后，Q老师用关切的口吻问道："天浩哇，数学竞赛是一项艰苦的任务，要吃得起苦，身体也必须要好。你身体状况怎么样？"

"蛮好的，除了有点近视，中考体检的时候，我各个项目都是不错的。"天浩自信地答道。

"你们参加竞赛，不但身体要好，心理素质也要好。我之前在一个学校做过心理老师，还是蛮有经验的。来，你躺在这个椅子上，老师给你做一次心理疗愈，放松一下。"

天浩有些迟疑，但又不敢拒绝，心想：也许这是老师爱护自己的表现，可不能不识好歹呀。

他按照老师的要求，躺在了一个椅子上。Q老师放起了一段轻柔的音乐，然后在他太阳穴上按摩起来。天浩觉得很舒服，连日来准备竞赛，神经高度紧张，这一刻居然得到了纾解，甚至有些昏昏欲睡。

这时，Q老师的双手从天浩的太阳穴慢慢转移到天浩的肩部、胸部。后来，他居然把天浩的校裤褪了下去。

天浩猛地一激灵。他不敢相信老师的所作所为,快速跳起来,狼狈地逃离了老师家。

此后,他的心情变得非常低落。一看到Q老师,他就忍不住感到一阵恶心,像吞了一只苍蝇。

他独自忍受着心理上的折磨。直到有一次,室友们在开"卧谈会"时,一个室友终于忍不住提及了Q老师的怪异行径,他才发现,受害者并非只有他一个人!

他们不敢告诉其他老师和家长,因为对方是一个有着完美光环的名师,谁会愿意相信他们?到头来只会引来新的麻烦。因此,他们带着耻辱、困惑、自卑,一起心照不宣地共同保守了这个秘密。

直到高中毕业,这几个受害者才意识到,当年老师的行为是性猥亵,是犯罪。为了不让更多学弟甚至学妹受到侵犯,他们勇敢地站了出来,实名举报了这个所谓的名师。

等待这个老师的,是法律的制裁。

三 解析

以上这个真实的案例,让我想起另外一件类似的事件。2020年5月,"四川男教师梁某性侵案"引爆互联网。几个男青年在网上发帖,说自己曾经遭受中学时期的老师梁某性侵,一些侵犯甚至延续到他们上大学期间。

这是我国首例男性教师大面积猥亵14周岁以上男性学

三、警惕男孩被侵犯

生而进入刑事司法程序的案件,还上了微博热搜。当事学生的代理律师表示,检察院提供的起诉书上认定的被害人为 7 人,另有 5 人作为证人参与到此次的法律程序中。

公诉机关起诉书显示,2016 年至 2018 年期间,被告人梁某利用曾任中学老师、班主任的身份,对 1 名中学就读学生、6 名毕业学生实施强制猥亵,7 名受害者中,2 人受侵害时未成年。

据媒体披露,被告梁某曾获评全国优秀班主任,是当地的名师。但就是这样一位所谓的"名师",早在 2018 年 11 月,就曾经因涉嫌强制猥亵罪被刑事拘留,后从任教的学校离职。

2022 年 1 月,被告人梁某因犯强制猥亵罪获刑 8 年。这场震惊网络的男教师侵犯多名男学生的案件才告一段落。梁某受到了应有的法律制裁,但那些从中学到大学成长在他魔爪之下的男生们,内心的伤痛恐怕要用一辈子来平复。

男孩被性侵后会有何反应?

英国 2015 年一项研究显示,只有 3.9% 的男性受害者会向警方报案。该国纪录片《被性侵的男性:打破沉默》中曾披露:每小时就会有大约 8 名男性遭到性侵。

另据相关数据,在美国,遭受性侵的女性选择不报案的人大约占 75%,男性则高达 95.6%。有研究分析,无论遭受哪种方式的性侵,男性平均要花 26 年的时间才能走出性侵带来的阴影,才能够勇敢说出自己的遭遇。

男孩被侵犯后,其心理伤害的影响十分深远。他们容易产生屈辱感，容易自我否定，甚至对性的认识会发生扭曲。

避免男孩被侵害，父母可以采取心理学中的一个方法，叫"接种效应"。意思是，处于特殊情境中的个体，如果受到某种反向态度的轻微攻击后，就像接种疫苗一样，对这种攻击做出抵抗反应，并不断地增强抵抗力，如果再受到反向攻击，个体便不再改变原有态度。这种心理效应叫做"接种效应"，也被人称为"免疫效应"。

父母要善于利用这种效应。

比如，你可以告诉你家的中学生：性侵男生的往往是熟人，比如自己的小伙伴、亲戚、老师等。因为熟悉，他们才有机会近距离接触被害者，他们的方式也更隐蔽。

比如，他们会说："让我来看看你发育得好不好？""你的皮肤很白，是不是全身都这么白？""你已经长大了，我来教你一些事情。"

比如，我们要让孩子牢记：无论对方是熟人同伴，还是手握权力的师长，相处时要多留一个心眼。一旦对方有侵犯你的动作，你要在第一时间给予反抗，迅速逃离现场，并及时告诉父母或直接报案。任何人如果以排名、分数、金钱或其他借口威胁、引诱你就范，必须严正拒绝，决不要落入圈套。

作为家长，要加强和孩子的沟通联系，确保孩子有心里话及时告诉我们，并且要信任孩子，给予孩子心理上的重要支持。我记得上海某高中男老师猥亵事件发生后，当事人之一的某同学曾鼓起勇气把遭遇告诉过他的父亲，却没有得到期

三、警惕男孩被侵犯

待的回应。"父亲沉默了很长时间,说他很生气,但是之后就不了了之了。这令我很伤心,很失望。"从此他只能继续忍气吞声,带着屈辱生活下去。

另外一个案例是,有个男孩上初中被侵犯了3年,导致精神抑郁。有人问家长:这3年来,你就一直没发现孩子有什么异常吗?"我也发现他有些问题,但是问他他也不说,就说精神不好,不想去学校。"男孩的父亲说,"我想破脑袋都想不到,孩子经历了这方面的问题,他可是男孩啊,谁会想得到?"家长一时的粗心大意,让孩子受了3年摧残,后悔已经来不及了。

此外,亲人也可能是性侵男性事件中的隐形加害者。一个曾被性侵的男孩说,他的父亲得知情况后,第一反应竟然是:"幸亏你是男孩。"这种亲人对男孩的误解和伤害,会加深男生的缄默和自我怀疑。

建议

对于那些对性好奇又难以启齿的孩子,家长这样做,既能帮助孩子正确认识这一问题,也能收获更好的亲子关系。

1. 多和孩子聊天

每天吃晚餐时,多和孩子聊天,问问学校发生过什么事,特别留意他对同学之间交往的描述。多观察,多倾听。

2. 家里放个小信箱

可以经常给孩子写写纸条、信件,告诉他自己青春期时遇到的异性困惑,拉近距离,也可以鼓励孩子给你回纸条、回信。

3. 父亲可以和男孩在家里玩"打架游戏"

父亲带领男孩,在床上、地板上、沙发上进行肢体冲突训练,让他熟悉冲突的感觉,培养内生力量。

4. 建立"越界警告"制度

告诉孩子,无论同性还是异性,无论什么年纪,如果有人对你做越界的事情,都要第一时间向对方发出"越界警告",并且快速离开现场,并及时告诉父母。

5. 让孩子学点自卫术

可以送孩子去专业的培训机构,学习一些健身类自我保护技能。一方面增加孩子的个人安全防范能力,为孩子争取反抗或逃脱的机会;另一方面也能增加孩子的自信心。身体比较强健的孩子,本身在这类事情上就会自带着更多的震慑力和免疫力。

四、小心熟人之间的"不怀好意"

导言

随着年龄的增长,孩子的社交面越来越广泛。他们根据自己的爱好,会结交一些班级以外甚至学校以外的朋友。一来二往,大家逐渐相熟。

孩子如何跟这些"熟朋友"更好地相处?特别是面对异性"熟朋友"时,孩子如何既能发展自己的异性相处能力,又能确保自己安全健康地成长?

以下这个案例值得我们思考。

案例

> 小希(化名)惊魂未定。
> 就在一小时之前,她刚从"悬崖"上走了一遭。

当天下午,小希突然收到师兄小楠(化名)的微信:"Hi,小希!我正好在美食街附近,待会儿要不要一起吃个饭?我们好久不见啦!"

"好嘞!你回来了,我请你吧!"

"还是我请吧,谁叫我是学长呢。"

小楠比小希大一岁,学识渊博,风度翩翩。两人在高中的辩论社团相识,后来一直保持着联系。这次小楠发出这样的邀请,小希当然如约而至。

坐下后,两人边吃边聊,仿佛回到了高中辩论社团的美好时光。

几杯茶水下肚,小希起身去上厕所。

这时,奇怪的一幕出现了。

小楠往四周看了看,然后拿过小希的水杯,迅速从衣兜里掏出一个小包,把里面的粉末状的东西一股脑倒入了小希的杯中。他快速地把水杯摇了摇然后放回了原处,整个过程在几十秒里完成了。

这一切,都被一位男店员看在了眼里。他立即跟一位女店员耳语了一番。

小希从厕所回来的路上,女店员悄悄拦住了她,把刚才发生的一切悉数告诉了小希。

小希吓得捂住了嘴,腿肚子发抖。

店员一边安慰她,一边做了个打电话的手势。小希知

四、小心熟人之间的"不怀好意"

道他们是要报警,稍稍犹豫之后,她默默点了点头。

小希回到座位上后,神色有些恍惚。

小楠若无其事地继续跟她说着一些见闻。小希只是点头应和。

"怎么了,没胃口吗?喝点水吧。"小楠说完,先喝完了自己杯子里的水。"不敢多喝,怕上厕所。"小希紧紧握着杯子,但就是没动。

没过几分钟,两位民警出现在餐桌旁。

小楠脸色惨白,还想掩饰:"怎么了,有什么事吗?"

在店里的摄像视频证据面前,他不得不承认了自己"下药"的经过。

经查,小楠往小希水杯里倒的,是他从国外买回来的迷药,人喝下去后很快就会失去意识,任人摆布。

真没想到,一个风度翩翩的学长,原来是披着羊皮的色狼!

虽然小楠想取得小希的谅解,但小希坚决地说了"NO":如果这一次原谅他,一定还会有下一个受伤害的女孩。

等待小楠的,是法律的严惩。

解析

2020年性侵儿童案例报告显示,超7成性侵是熟人作案。

这些熟人是谁？他们可能是学生、家长敬重的教师；可能是无条件信任的亲戚；可能是未曾防备的邻居、朋友……

回到以上这个案例，如果小希没有遇到好心的店员，后果真的是不堪设想。

这类案例里，最可怕的是"熟朋友"作案。因为是"熟朋友"，孩子会放松警惕；因为是"熟朋友"，孩子会把心交付给他；因为是"熟朋友"，哪怕对方做了一些过分的动作，说了一些越界的话，孩子都会把它合理化。

上面案例中的"熟朋友"，恰好是一位学识和风度都颇佳的学长，小希自然对他会有好感，也容易放松警惕。这种情况在心理学上叫"晕轮效应"。说的是在人际交往中，一个人身上表现出的某一方面的特征掩盖了其他特征，从而造成对方在人际认知上的障碍。案例中的小希，被学长小楠身上的"光环"所欺骗，从而产生认知上的误区，形成"他是个好人"的错觉。

在家庭教育中，父母要引导孩子正确认识"晕轮效应"。如果看到一个人具有某种突出的优点，就认为他其他方面都好，这是一叶障目的思维方式；相反的，如果看到一个人具有某种突出的缺点，就认为这个人一无是处，这是以偏概全的思维方式。以上两种方式都不可取。

无论家有男孩还是家有女孩，在孩子成长的过程中，都要教他们避免"晕轮效应"，不要被局部或暂时的现象所迷惑，要看清事物的全貌，不能盲目轻信、盲目崇拜。这样，孩子在未

四、小心熟人之间的"不怀好意"

来的异性社交上才更为谨慎,才更容易获得较大的自由。

我这里有一个因为对老师的"权力迷惑"产生"晕轮效应"而受到老师侵害的女大学生的故事。这个案例来自我的家教书《培养孩子的社会情商》(家长版)。

大学一年级下学期期末考试后,小高的老师通知她有门课考试没及格,要她去宿舍面谈。小高忐忑不安地来到老师宿舍。在交谈的过程中,老师莫名其妙地摸了一下她的头,这时她还没有反应过来。直到老师把手放到了她的大腿上,她才意识到好像有什么不对,但是迫于老师的权力,她不敢反抗,甚至她都不敢相信自己的老师会做出这样的事情。她想:"他是我的老师,平时那么和气,而且他如果不高兴,我会不会一直无法及格……"

小高对老师产生"晕轮效应",像个木头一样动都不敢动,只能默默地流眼泪。老师一边安慰她,一边继续……嘴里还说"老师很喜欢你"。幸好这时有人敲门,老师才停了下来。小高记得老师当时居然问她:"你说吧,你想要多少分?"

她趁机逃出来后,在校园的一个角落痛哭了一场,内心不断地问自己:"他为什么这样对我,是不是我做错了什么?"她回家后把身体洗了很多遍,还是觉得特别有羞耻感。

以上这个案例中,老师利用师生关系的权力不对等,实施侵害,令人不齿。

我们不但要教会孩子警惕来自陌生人的伤害,更要教会孩子注意来自手握权力的熟人的侵害。

作为一个曾经的女孩,现在的妈妈,我真心希望每一个女孩都学会保护自己,每一个男孩都学会尊重女性。

请女孩们自立自强,自尊自爱,不要低估世界的险恶,不要轻易相信意外的惊喜。

请男孩们光明磊落,勇于担当,不为恶,不凌弱,让世界因为你更安全美好!

建议

除了警惕熟人作案以外,随着中学生社交面越来越大,我建议父母给子女几个原则性的防性侵法则。这有助于让孩子感受到你们的支持和力量,有助于收获良好的亲子关系。

1. 约定暗号

孩子外出时,告知父母或好友具体去向,同时和他们约定一个暗号,比如数字888。当孩子身边的人强迫孩子做不愿意的事情时,让孩子尽快发暗号给家人或好友,对方就会迅速打电话给孩子,这样孩子可以借机脱身,或者获得外援。

2. 专用水壶不离身

如果孩子单独和异性相处,手里随时拿一个自己的专用水壶,或紧握水杯不离身。这样做,被下药的风险会大大降低。

3. 单独乘车发路线

当孩子单独乘坐出租车、网约车时,可以让孩子把实时路线发送给家人或好友。

四、小心熟人之间的"不怀好意"

4. 不和异性单独共处一室

让孩子尽量不和异性独处一室。如和异性单独共处一室,应尽量打开门窗,或位于监控区域内。

5. 不要晚归

孩子尽量不要晚归。晚上如果外出,要和别人结伴同行。12 至 18 岁的孩子,逐步有了更广泛的社交,我们不能抑制他们的社交,而是要教他们戴上必要的"盔甲",守住安全的底线。

第四篇

金钱观引导

一、培养孩子对金钱的延迟满足能力

导言

孩子进入中学后，对金钱的需求越来越明显。当他开口要买想要的东西时，你的第一反应是什么？是马上答应，还是不答应？或者除非达到某个条件，比如考试要考到第几名才答应？

有什么办法能让孩子为自己的选择负责，并且在这个过程中养成正确的金钱观？今天我来讲一个发生在我和我儿子米奇之间的真实故事。

案例

> 一天早晨，我和13岁的米奇有过一次这样的对话。
> 米奇："妈妈，我想买只鳄龟。"
> 我："啊？！你确定要买？"

米奇:"嗯,我想要。"

我:"嗯……"

米奇:"妈妈,鳄龟可是稀有品种!它……"

我:"鳄龟比一般乌龟凶猛,会不会咬到你?平常谁来照顾它呢?"

米奇:"……"

我:"这样,你先去上学,放学回来写一份'小BP'吧。"

于是,米奇在课间洋洋洒洒写了两页纸,放学后拿回来给我。我细细看完,欣慰批示:准了!拨款!

上面那段对话,我随手发到了朋友圈,没想到引来100多位朋友的点赞和留言。很多人问:"小BP"是什么?米奇为什么会愿意写这个?

我说的"小BP",指的是我家的"微型商业计划书"。

和其他孩子一样,米奇从小到大,每一次走到商场的玩具柜台,就走不动了,这个想要,那个也想买。小时候,我用的办法是"口述理由法",让他简单口头陈述购买理由。我认为,这能锻炼他的语言表达能力和逻辑思维能力。

等到他会写字了,他每每提出想买什么时,我都会让他写下(或画出)购买理由。有了很多口头陈述和书面陈述的经验,孩子整理思路越来越快。在这个过程中,有时他也会发现,有些购买理由挺荒唐,就会自动放弃。

等到他读初中,我就教他借鉴商业计划书的大纲,大致从项目计划、如何管理、人员配置、资金安排、风险预估等方面,比较完整地写一个计划,目的是争取获得我这个"投资人"的青睐。

对于孩子的购买需求,一般情况下,每 5 次里面我会采纳 2 次,当然还要结合他的计划书质量。采纳 2 次,是给他信心和希望,表示父母尊重他的意见,其他几次需求我会驳回,是想告诉他,父母的钱是有限的,不可能满足他所有的要求,让他知道父母对钱的使用是有规划的。

慢慢地,他对写"小 BP"驾轻就熟。对于这次买鳄龟的事情,他的计划书里陈述了购买理由,预估了可能带来的风险和对策,对资金分配(他贡献一部分零花钱)和责任分配(他照顾为主,我和爸爸照顾为辅)等要素都考虑得很周到。

最后,他用这份"小 BP"赢得了他想要的鳄龟。

解析

孩子大约从 3 岁开始有了物权的概念,特别喜欢占有东西。很多家长由于工作忙碌,缺乏与孩子互动,出于补偿心理,对孩子提出的要求总是来者不拒。时间长了,孩子会认为他们需要的东西就应该在第一时间出现。

这个分析有实验基础。

剑桥大学的脑科学教授曾通过猴子实验研究习惯的形成。一只猴子看到电脑屏幕上出现一个形状，如果按对一个杠杆，就会得到果汁。这只猴子每次得到奖赏时，脑部就出现异常活动。重复多次后，这只猴子建立了"形状"和"奖赏"之间的联系，对果汁就有了强烈的期待。如果奖赏延迟出现或者不出现，它就会表现得焦躁、愤怒或者郁闷。

如果孩子在"拥有东西"和"幸福快乐"之间建立了强联系，"买买买"就成了一种习惯性的心理需求。为此，他也会把自己的哭闹、伤心、不合作当成逼迫父母妥协的武器。

父母如果没有意识到这背后的玄机，"买买买"就成了一种"自动反应"，一旦不能即时满足孩子的需求，父母便会自责万分。

2021年10月，一则"留学生因生活费不足辱骂父亲"的新闻上了热搜。据报道，一名留学生因为生活费的问题与她父亲产生争执。早已成年的女儿，习惯于向父亲伸手要钱，父亲告诫她"无法一直供养你"。女儿为了发泄怒火，在一微信群中大肆发布辱骂父亲的内容，后被人传播到互联网上，引发了众怒。

这则新闻显示出这个家庭的金钱教育出了问题——其实，家长有原则地拒绝，不但不会伤害到孩子，反而会让他更好地适应未来的生活。恰恰是家长一味地满足，才让孩子产生"向父母要钱理所应当"的依赖思想。

借鉴"小BP"的概念和形式，是培养孩子金钱观和责任

一、培养孩子对金钱的延迟满足能力

心的一种好办法。孩子要想得到"父母投资人"的资金,就得凭本事争取,完成好计划书。长此以往,孩子会渐渐明白,父母的钱都是辛苦赚来的,花钱要有所规划,不能随心所欲。

这个方式也顺应了财商教育中最重要的一点,培养孩子"延后享受"的理念。所谓延后享受,就是指延期满足,以追求更大的回报。

孩子尽早学会延迟满足,就能够意识到自己的欲望边界,这样才会更懂得尊重自己和别人,更懂得珍惜金钱和感恩父母。

建议

如何培养孩子的金钱观?家长这样做,不仅能收获一个更有金钱概念的孩子,还能收获更好的亲子关系。

1. 根据家庭经济状况,每月固定给孩子零花钱

据调查,不少中学生的家长都还没有给孩子每个月固定的零花钱。按照他们的说法,孩子需要什么都会给他买,所以没有必要特地给他零花钱。

我不是很赞同这个做法。中学生完全有能力驾驭每个月零花钱的使用。关键是家长要给他机会,让他自由支配金钱。这是孩子学会管理金钱的基础。

2. 教给孩子必要的储蓄、理财等知识

比如可以给孩子开个银行户头,教他自己去存每年的压

岁钱，也可以教他购买简单的理财产品，了解基本的理财知识。

3. 对于大件开支，可以教孩子写"小 BP"，争取赢得父母的"投资"

具体做法可以参考上文中的案例。

二、涉世未深，心有贪念易被骗

导言

孩子逐渐成大后，就会面临如何赚钱和如何花钱的问题。

如果孩子树立了错误的金钱观——比如"不劳而获"，这将给他后面的生活埋下一颗不小的地雷。以下这个案例就是一个鲜活的例子。

案例

阿阳（化名）是一名初三男生，平时爸爸妈妈每月给他200元零花钱。这个月他的200元零花钱很快就买零食、打游戏花完了，这几天他正愁着还有半个月怎么过呢。虽然他微信里面还有几千元压岁钱，但那是他舍不得动用的

"大钱",是准备用来买球鞋、滑板的"专项资金"。

这天,正在百无聊赖的时候,他发现手机闪动了一下,有位"好友"拉他进了一个"红包返利群"。

啥叫"红包返利"?一头雾水的阿阳正想问问群里的人,仔细一看,没人发言。原来,这个群是禁言状态,只有群管理员在不时地发布"游戏规则",很简单:只要发一定数额的"红包",就能得到成倍的返利。

管理员还不断发出"返利截图",这人返利400元,那人返利1000元。好不热闹!

有这样的好事?阿阳将信将疑,但看到有这么多人在群里,不会大家都是傻瓜吧?不如先发个50元试试呗。

于是,在"管理员"的引导下,阿阳通过微信收款二维码发出了一个50元红包。几乎同时,对方给阿阳发回另一个二维码,说这就是领取返利的码。

阿阳没想到这么快就能得到返利,他毫不迟疑地点开了这个二维码。

让他惊掉下巴的事发生了:这个二维码非但没有让他领到钱,反而转走了他微信里的钱,整整2000元!

这下他才意识到,一定是碰到诈骗了!

他气呼呼地连发几条消息,催着对方退钱。

"刚才是误操作,现在我们把刚才误收的钱,以及你的返利,一起返还给你。你扫这个码就可以了。"对方的回

二、涉世未深，心有贪念易被骗

应充满歉意，还连说了几声"对不起"。

阿阳想，这还差不多，误操作倒也是难免的。于是，他又点开了这个"退款二维码"。

没想到，之前的"误操作"再次重演，他非但没有收到一分钱退款，微信里又被转走1500元！现在余额只剩下5.6元了！

阿阳都快气炸了，正要和对方理论一番，却发现对方已经拉黑了他的微信！

无奈之下，阿阳只得把自己的遭遇告诉了爸爸妈妈，他们一起向警方报了案。

三 解析

12至18岁的大孩子，对钱到底有什么概念？电子消费时代，越来越多的孩子很少看见纸币。在他们眼里，"付钱"的概念就是父母手机里源源不断的扫码动作。千万别小看这个动作，一旦让孩子对金钱有了不真实感，他的金钱观就有可能偏差。

据我了解，此类互联网金钱诈骗受害群体中大多数是中小学生，因为他们好奇心重，对"快速来钱"的诱惑很难抵挡，容易被蒙骗。

这些诈骗者，把群设置"禁聊"，通过群内发送"红包返利规则"，然后以虚构的"成功返利截图"为诱饵，吸引受害者。

当受害者索要返利的时候，骗子常常以手续费、保证金、平台限额等各种理由推脱，忽悠受害者继续扫码，直到最后拉黑受害者……

为什么那么明显的诈骗，却常常有人上当受骗呢？

因为欺诈实际上是"人性的较量"，贪婪的人被更贪婪的人算计，非专业的人被"专业的人"算计。

受害者要么匮乏，要么盲从；要么侥幸，要么贪婪，这些，都被诈骗者了解得彻彻底底，所以他们设计的骗局，一定会符合人的"入坑心理步骤"。

回到原点，就是那句老话：天下没有免费的午餐。你以为的馅饼，其实是陷阱。

一方面随着社交面越来越大，中学生对金钱的需求度增大；另一方面受到互联网上"一夜暴富、人生赢家"等负面舆论的影响，有些中学生的金钱观被扭曲，其中被贪念冲昏头脑者为数不少。

另外，诈骗者还会利用学生追星、打赏心爱主播等机会，精心设计骗局。

比如骗子在所谓"明星后援团"QQ群里称，最近明星会给大家发红包，只要充值就能激活返利活动，有些中学生被骗5万、10万的都有；还有些中学生给主播打赏后，所谓"好心客服"威胁他们说"未成年人打赏主播属于违法，要支付4万元封口费"，甚至威胁中学生不给钱会"停学业、抓父母"。

有些骗子忽悠学生，称"陪玩游戏能赚外快"。一些沉迷

二、涉世未深，心有贪念易被骗

游戏又头脑糊涂的学生，就用家长的手机去扫描那个吸金的"二维码"，之后的悲剧就像案例中上当的阿阳一样，后悔莫及。

建议

家长务必为孩子做好正确的"互联网金钱教育"。

（1）警惕那些所谓"低投入、高回报"的"红包返利"，百分之一百是骗局。

（2）务必远离网络上陌生的链接、群组、二维码等。

（3）保护好个人信息，验证码、个人密码、身份证之类的重要信息绝不外露。

（4）所谓"躺赚"的行业，比如兼职刷单员、网购评论员、团队打字员等，都是骗局。

（5）对于网络不良信息、网络骗局、网络勒索要及时喊停，第一时间告诉父母、老师、同学，或者直接报警。

三、家长一味送钱，是爱还是害

导言

我们的大孩子转眼就将长大成人，如果我们无法在 12 至 18 岁这个黄金年龄段给他们树立健康的金钱观，如果孩子无法树立自立赚钱的认知，那么未来你们家就可能收获一个直接躺平的啃老族。

下面的案例虽然是个大学生家庭的案例，但是从中可以看出家长一味送钱给孩子的养育偏差，造成孩子成为"巨婴"，非常令人警醒。

案例

亚裔男生小 Y 毕业于美国麻省理工学院，但这位学霸已"躺平"3 年，啃老度日。

三、家长一味送钱，是爱还是害

2021年7月，他在社交网络上连发35条动态，疯狂吐槽父母的"送钱行为"，愤怒指责父母给予他太多的经济支持，让他成了一个行走的"巨婴"。

他在社交动态里提到，为了让他接受良好的教育和享受美好的生活，父母为他支付了全部的学费，以及所有生活开销，以至于当同学向他抱怨经济上的烦恼或买某样东西很犹豫时，他甚至都无法理解，又不好意思多问。

最让他情绪崩溃的一件事情是，2020年他过生日时，妈妈居然送了10万美元给他作为生日礼物。

他的动态里充满了对父母的抱怨。

"我的父母用金钱为我创造了一个世界，保护我不受伤害，不让我做家务，我被宠坏了。现在回想起来，这对我并没有什么好处。"

"我的生活状态很糟糕：没有工作、没有女朋友、没有朋友、没有归属的社区、没有人生目标……"

"我已经认识到社会生存法则是通过劳动谋生，但是我从来没有做到这一点，我感到无比羞愧。"

"我一直在回避'父母就是我的经济支柱'这个事实，我爸因为我要推迟退休……他们是在向我提醒这个事实，所以我很愤怒。"

"我被父母以金钱的形式爱着和保护着，一直是这样。这是多么令人难以置信的尴尬。"

> 许多年轻网友看到他发布的动态,都十分感慨。
>
> 有网友说:"10万美元,我得工作十年!我父母为了养活我,有时候连饭都吃不饱……"
>
> 还有网友说:"如果有人免费给我1/100你所拥有的东西,我只会无比感激。"
>
> 更有网友认为,小Y可以利用父母的财力为社会做贡献,而不是去怪罪父母,去把这些宝贵的财富当作自己好吃懒做不努力的借口。

叁 解析

说实话,我看到这个新闻的时候,心里有点理解小Y的矛盾心情。

一方面,他的父母不断地用"送钱"来提醒他:你离开了我们的钱是难以生存下去的。按理他应该对父母充满感激。

另一方面,作为一个成年人,他又觉得非常羞愧,因为他完全没有养活自己的能力。

事实上,当他已经习惯了这种高消费的生活方式之后,如果真的让他走出家门,自己挣钱维持这种高消费的生活,他又充满了恐惧和自我怀疑——是的,他没有勇气做出改变。这就是我们古人所说的:由俭入奢易,由奢入俭难。

心理学上针对这种现象有一个效应叫"棘轮效应"。说的就是人的消费习惯形成之后,具有不可逆性。即易于向上攀

三、家长一味送钱，是爱还是害

升，而难以向下调整，尤其是在短期内，消费习惯是不可逆的，其习惯效应较大。

不知道看到以上这些后，作为12至18岁孩子家长的你，是否能够从家庭教育的角度进行深思？

不可否认的是，以上这个案例当中的父母，自认为自己是非常爱孩子的。我相信，从小到大他们都在不遗余力地为孩子创造最优渥的条件，甚至不惜延长退休时间来赚取更多的收入，让孩子过上更好的生活。这听起来特别的心酸，不是吗？但是，为什么他们会收获一个毫无赚钱能力、直接躺平的"巨婴"？

其实道理很简单，就是家长是否愿意在你的家庭教育里，时刻牢记"让孩子自立"这个观念。如果在你的观念里，家长只负责赚钱养家，孩子只负责学习刷题，那你可要警惕了。

请记住！我们所有的教育都是为孩子进入社会独立生活做准备。只有树立这样的一个目标，孩子才可能跟社会无缝衔接。只有树立这样的一个目标，当孩子进入社会时，赚钱养活自己甚至养活家庭，将会是一个非常自然的过程，根本不会成为困惑他的人生问题。

那父母为什么不相信孩子有潜能为自己独立生活做准备？我想，原因很简单，就是不信任他的能力。

意大利教育家蒙台梭利指出，孩子有很大的潜力，就像植物一样，能够自己生长，教育者只需要给他们提供环境和条件。她提出,教育要引导孩子走独立的道路。一旦孩子能沿着独立的道路前进,那么深藏在孩子内部的各种潜能就会充分发挥出来。

你只要相信孩子是有潜能能自立的,并且在生活教育当中,处处给他机会,培养他自立的能力,那么他就不可能躺平,就不会丧失拥抱社会、赚钱养活自己的勇气。

另外,在家庭金钱教育的角度,我一直有一个观点:与其给孩子金钱,不如给孩子一个健康的金钱观。要时刻让他认识到父母赚钱不易,要让他珍惜使用父母的每一笔财产。在这方面,世界上不少富豪都给我们树立了榜样。

拥有亿万财富的洛克菲勒家族,每周给家族内的不同年龄的孩子发放不同金额的零花钱,同时发给每人的还有一个小账本,要他们记清楚每笔钱支出的用途。当下次领钱时,需要孩子们将账本交给家长审查,钱账清楚、用途正当的孩子,下周的零花钱会相应提高,反之则减。

比尔·盖茨个人资产总额达 900 多亿美元,但是他决定将来要把自己的巨额资产返还给社会,用于慈善事业。他只给三个子女寄存几百万美金。他认为,拥有很多不劳而获的财富,对于一个站在人生起跑线上的子女来说,并不是一件好事。

建议

家长这样做,不但能培养一个有自立能力的孩子,而且还

三、家长一味送钱，是爱还是害

能收获良好的亲子关系。

1. 给孩子零花钱，并且要教会他记账和储蓄

有些家长觉得，孩子的吃穿用度家长都会负担，不需要给他零花钱，我不这么认为。尤其是对于大孩子来说，每个月适当地给他一定的零花钱，让他自由支配并记账，这是培养他财商的必要途径。通过记账，可以让他清楚地看到每笔钱用在哪里，孩子也会去思考，哪些开支是必要的，哪些开支有可能是不必要的。

另外，给孩子在银行开一张属于他的储蓄卡，引导他把压岁钱和零花钱存进去，并且告诉他储蓄和利息的关系，甚至可以教他开始买理财产品。

相信我，这对一个大孩子来说，真的不是一件难事，反而会让他有一种"自己长大了"的自信。这个也是自立的心理源头。

2. 对于大孩子来说，家长可以适当创造一些让他自己赚钱的机会

我们家孩子米奇17岁，他很喜欢弹吉他。有些社区会邀请他去现场表演，并且给他一些微薄的车马费。对他来说，这是一个很好的激励，让他知道通过他的技能能够获取报酬。因为得来不易，他也会珍惜赚来的每一笔钱。

家长还可以让12至18岁的大孩子照顾宠物，做家务，帮忙照顾家中的弟弟、妹妹，也可以带孩子去参与摆摊、义卖等活动。

通过这样的体验,孩子会逐步理解工作的意义,了解劳动和回报的关系,还能提高他们的自尊和自信,让他们为进入社会做好准备。

四、错误的消费观害人不浅

导言

大孩子手里或多或少都会有点零花钱。到底该怎么引导他们正确地花钱,合理地消费,这是大孩子家庭面临的一个挑战,是家长不容忽视的养育要点。下面这个案例非常发人深思。

案例

高三学生小王,在寒假里居然把自己卡里积攒的10万元压岁钱疯狂地消费一空,消费项目包括桌游(即桌上游戏)、酒吧餐饮以及购物等。

这是怎么回事?

小王家是小康家庭,父母的兄弟姐妹比较多,是个典型的大家族。每逢过年，亲戚长辈都会给小王塞压岁钱。多年累积下来，竟有 10 万元之多。原本这些钱都是小王妈妈给存着，看着小王快满 18 周岁了，父母就把钱存到了小王自己的户头上。

寒假快结束时，小王妈妈偶然发现儿子穿了一双崭新的球鞋。她随口一问，得知这双鞋竟然要 5 000 多元，妈妈当时非常震惊！妈妈赶紧去查小王那张存放压岁钱的银行卡余额，结果晴天霹雳——里面的 10 万元压岁钱已经所剩无几！

妈妈慌了，赶紧到银行把最近几个月的流水全部打印出来，居然有 20 页之多！上面显示了小王最近一段时间频繁的消费记录，有些消费昂贵到令人咋舌。

由于这些消费产生时小王未满 18 岁，小王的妈妈一家一家地找小王高额消费过的店家，希望店家能如数退还钱款。

最后，只有极少数店家愿意将钱款退还，其他商家表示，自己店里是明码标价，小王人高马大，看不出是未成年人，而且这些消费都是他自愿的，因此拒绝退钱。

小王的父母对于把 10 万元压岁钱存儿子名下后悔不已。他们说，正因为儿子平时买东西比较节省，最贵的也就一两百元，所以对他很放心。但他们万万没想到，这个平时不怎么花钱的儿子，一旦没有了约束，竟如此挥霍金钱！

四、错误的消费观害人不浅

贰 解析

一般来说,如果童年期缺乏某样东西,长大后很可能会拼命地想弥补回来。如果孩子从小到大都缺钱,对钱的欲望和匮乏感会很强烈,一旦有钱后很容易肆意挥霍,以此补偿童年期的心理缺憾。

我们无从知晓上述案例当中的小王家庭到底给了他一个怎么样的消费观,但是至少可以推断出,这个家庭缺少对孩子的金钱教育:对金钱要有敬畏,对消费要有限度。

给孩子建立良性的消费观非常重要,有时甚至不得不用强制的做法。我身边有一个朋友是公司高管。他跟我说,他给孩子存了一定数额的保险金信托。如果他不幸早逝,孩子每年只能提取一万元作为生活费。等到孩子满 35 岁之后,才可以领取剩余所有钱款。他苦心设计这个做法,就是怕孩子太早手里有钱后,不但容易疯狂挥霍消费,而且会不思进取,自毁前途。

此外,家长不要忽视外界的"金钱文化"对孩子的影响。

处于青春期的孩子,对于外界跟自己的联系会有强烈的感觉。他们会开始注重自己的打扮、会沉迷虚拟网络世界、会跟其他孩子攀比自己拥有的东西,等等。我们的大孩子们,目前面对的是互联网时代的消费观挑战。

房子、车子、奢侈品、直播视频里的"人生赢家"、某些明星的奢华生活等，都是很多大孩子乐于谈论的话题。

在这些信息的冲击下，一个对金钱观、消费观没有正确认识的孩子，比较容易误入歧途。

我之前看到一个网友分享了一件她女儿的事情。这个网友的女儿在美国读书，是班级里唯一的亚裔女孩。班上的大部分女孩都涂指甲油，都穿某知名品牌的棉靴，每天都在讨论热播电视剧。这个网友的女儿感受到了巨大的压力。有一次，这个女孩向妈妈提出，想买一双那个知名品牌的棉靴，原因是她所在班级的女孩几乎每个人都有一双这个品牌的靴子。

这个妈妈拒绝了女儿的请求，并且告诉她一个重要原则："孩子，如果你认为你是对的、好的、美的、善的，就不需要为了迎合别人、为了被人接受而去改变自己。你要做的，就是认可自己的价值，坚持做自己。"

当女儿再次提出要买这个品牌的靴子时，这个妈妈买来一双这个品牌的棉靴和一双某超市自产的棉靴。两双靴子颜色、样式、材质几乎一模一样。

女儿兴奋地试穿，突然发现一双149美元、一双39.99美元。她思考良久，最终让妈妈把那双品牌棉靴退掉了。第二天，女儿高兴地穿着那家超市自产的靴子去了学校。

这个故事的结局是，这个网友的女儿坚持自我的行为引来其他女孩的赞许。最后，居然有同学效仿这个女孩买了便宜的靴子，并相约一起穿到学校去。

四、错误的消费观害人不浅

这位妈妈十分智慧,她通过对比价格的方式,让孩子自己领会品牌溢价的问题。同时她让女儿思考:你的消费到底是为了品牌和面子,还是为了实用和舒适?

📎 建议

家长这样做,不仅能培养孩子正确的消费观,还能收获更轻松的亲子关系。

1. 给孩子打"消费预防针"

如果发现孩子有消费过度的苗头,父母可以不卑不亢地告诉孩子,这个世界上有很多人比我们穷,但也有很多人比我们更富有。我们家就是普通家庭,爸爸妈妈要努力工作,你要努力学习,我们家才会迈向更富有的生活。

这个"预防针"打好之后,孩子就会打消很多攀比的念头,也知道要通过努力奋进才能过上更好的生活,而不是活在一种虚幻的想象中。

2. 培养"成本和预算"概念

例如,妈妈可以告诉12岁的孩子,每周花在食品上的预算是500至600元,让孩子来准备食物清单,并和他一起去超市购买。

接下来,在超市里很有可能出现的情形是,孩子先看到的是自己最想吃的麦片脆,但当他看到一盒麦片脆要30元时,他把原本想买四盒的麦片脆改成了两盒。

有了"成本"和"预算"的概念,估计孩子就不会像以前那样狼吞虎咽地吃麦片脆,而是细嚼慢咽地吃了。

> 💡 **延伸小贴士**

跟大家分享一个我自己总结的培养孩子财商的"123 原则"。

我们可以引导孩子把零花钱或压岁钱分为三份。

第一份:零花。

这一份大概占到整体金额的 30% 至 40%,可以买零食、文具、生活用品等日常开支。

第二份:积攒。

什么叫积攒呢?就是留 10% 至 20% 的钱放在那里。当孩子特别喜欢、特别需要某样东西,但是暂时买不起的时候,就可以用积攒的方式,攒到这笔钱之后再去买。

我上大学时,很流行 swatch 手表。我的一个女同学把每个月的零花钱留出一小部分,几个月之后,她就用积攒起来的零花钱把这个手表买回了家。

这个是培养延后享受能力,也是培养孩子财商当中非常重要的一点。

第三份:存款。

我们还要留 50% 左右的金额,把它变成存款。通过储蓄、理财、基金等方式增值。

大家千万不要小看这个"123 原则"。我工作都已经 20 年了,还在使用这个方式。使用这个"123 原则"后你会发现,你

四、错误的消费观害人不浅

的"钱路"越来越宽。

这是一个很简单并且很有效的培养孩子财商的方式,希望能给家长一些启发。

第五篇

避免『控制養育』

一、控制性父母对孩子的身心危害

导言

我做记者时,从一些心理咨询机构了解到,现在越来越多的女学生因为厌食症的严重困扰,到心理咨询事务所寻求帮助,她们占了求诊总人数的60%。

厌食症背后的原因到底是什么?到底是孩子病了还是家庭病了?我们来看看下面这两个我采访过的案例。

案例

小魏是一名高三女生。经过半年多的心理治疗,她勉强摆脱了厌食症。回想去年此时女儿的症状,她的妈妈形容"简直是一场噩梦"。

这年夏天,小魏出现一种奇怪症状:先是疯狂渴望食物,吃到撑住了才停,然后服药设法排出,此后绝食数日,并重新陷入对食物的渴求。

有一天早晨,小魏妈妈眼睁睁看着女儿一顿早饭吃掉了10块蛋糕、8片面包、5个包子。吃完后,小魏躺在床上难受得直喘气。

这一年来,他们家全乱套了。小魏想吃东西时,就会变得六亲不认,甚至经常撬抽屉找钱买食品。

厌食症伴随偶发性暴食症,把这个少女折磨得不成人样,停经长达1年。到处求医未果的小魏父母尝试寻求心理咨询师的帮助。

"为什么老是想吃东西?"咨询师问。"因为心里觉得烦。"面前这个身高155厘米、身材微胖的女学生垂头丧气地回答。

谈话中有个细节引起了咨询师的注意:今年1月底,小魏曾在她姑妈家住过几天,暴食的症状减轻了许多。"我回到家就觉得烦,就是想吃东西。"小魏对咨询师说。

通过进一步治疗,咨询师发现,小魏在家中容易"犯病"的原因,和她爸爸的脾气有很大关系。

小魏的爸爸是个控制欲很强的人,对小魏的管束异常严格,甚至连小魏接男同学电话,爸爸都要站在旁边监听。长此以往,小魏无法忍受,产生了巨大的心理压力。她选择"吃"作为对抗父亲的手段。

> 一个细节是，有时候她在外吃了东西，往往会不由自主地带一些回家，当着爸爸妈妈的面继续吃。通过心理咨询师的分析，她才明白，自己这个下意识的动作，就是想让爸爸妈妈感到害怕，让他们着急。

上面这个故事里的小魏，是为了躲避爸爸的极度控制，才产生了巨大的心理问题。

我还采访过一个14岁的女孩茜茜。

> 茜茜身高154厘米，体重却只有28千克。她沉默寡言，让人难以亲近。
>
> 茜茜的爸爸妈妈说，女儿在学校里曾经是大队长，性格开朗活泼，成绩也很优秀。但不知从哪天起，她的饭量开始下降，最后每天基本只吃几口米饭或几片苹果，有时什么都不吃。再后来，茜茜变得沉默孤僻，成绩也大幅下降。
>
> 通过和茜茜的爸爸妈妈交流，我们得到一个信息：茜茜妈妈对女儿控制非常严，学什么、吃什么、穿什么，全部都是妈妈说了算。不但如此，茜茜妈妈对茜茜爸爸也经常指手画脚，弄得夫妻关系也非常紧张。女儿在小学阶段还看不出端倪，到了初中，似乎一下子从"乖孩子"变成了"怪孩子"，对食物十分排斥，逐渐消瘦。
>
> 在心理咨询师的努力下，茜茜渐渐打开了心扉。她

说,只要一听到妈妈命令她做这做那,或者看到妈妈和爸爸吵架,她就烦躁慌乱,于是渴望通过"绝食"来让父母心疼她、牵挂她,她觉得自己如果身体棒棒的,爸爸妈妈就不会关注她。

当茜茜妈妈知道了这个症结后,终于恍然大悟,非常后悔她一贯的养育风格。通过整个家庭的系统治疗,茜茜的心结终于慢慢打开,对食物也不再抗拒,渐渐恢复了体重。

解析

第一个案例中的爸爸和第二个案例中的妈妈都有一个共同的特点:控制欲太强。

控制型的父母至少有四个特点。

第一,他们非常在意自我感受。

第二,他们认为孩子没有自我,或者说孩子的自我就是父母的自我。

第三,他们崇尚家庭权力和权威。

第四,他们往往忽略和孩子内心的交流。

拥有这些特点的父母,在家庭教育中会忽视孩子的感受,他们往往以自我感受作为第一标准,想当然用自己的感受代替孩子的感受,对孩子的真实感受置之不理。

随着孩子渐渐长大,他们的自我意识越来越浓厚。当初在控制型父母手里的"乖孩子",到了青春期往往有很强烈的自我呈现意识,会表达和父母不一致的感受。

这样的动态会让控制型父母十分警觉,他们会采取各种措施来实施新一轮的控制。小学阶段,如果孩子问"为什么这样做",父母直接回一句"没什么为什么",孩子往往不再追问,直接乖乖做了。但是到了中学阶段,同样的场景,如果父母还是这样回复,孩子可能会直接把门反锁起来,或者用其他方式表达对父母控制的不满,和父母对着干。

在控制型父母看来,无须跟孩子多做沟通和解释,因为这样会降低他们在孩子面前的权威。他们对付孩子的"有效"办法就是嘲讽、羞辱、命令、责骂或者体罚。

控制型父母看上去很强大,其实内心非常匮乏和恐惧。他们很可能在早年的人生经历中,也经受了控制性父母的严厉教育,所以他们会把这种风格沿袭到下一代,作为一种心理补偿,缓解内心的恐惧。

案例中的两个中学女孩,在父母的控制养育中,没有采取激烈的对抗方式,但是不约而同在饮食上做文章,用厌食的方式表达对父母控制的不满。她们没有更多的能力对抗父母的权威,只能通过这样伤害自我的方式进行"呐喊"。

我还采访过一个家庭,母亲在儿子初中和高中阶段,对他的学业和生活时时监视、事事控制,导致儿子十分反感。有一次母亲强行要进入儿子房间查看,气急败坏的儿子把母亲推倒在地,母子关系恶劣到冰点。

儿子高考失利后的那个夏天，母亲反复提到儿子是一个失败者。儿子进入大学之后，开始连日有失眠症状，以至于整日精神恍惚，多次考试不及格。最后，他干脆破罐子破摔，直至被学校劝退。

你看，这个家庭中的儿子也是控制型母亲的牺牲品。他没有用厌食症来显示对母亲控制的反抗，而是用身体的失眠症状来做出一种反抗，真的令人痛心。

建议

家长这样做，能避免"控制养育"，改善亲子关系。

1. 把命令替换为提问

对于青春期的孩子来说，他们最反感的就是父母用命令的口气来要求他们做事。即使他内心知道父母的说法没错，但因为这是父母的命令，他们往往会选择相反的方向。

这里有个最简单的沟通方法，就是把对孩子的命令变成巧妙的提问。简单地说就是把祈使句改为疑问句，比如说你想让孩子整理房间，与其说"快把房间整理好"，不如说"你可以把房间整理好吗"，或者说"还记得我们关于整理房间的约定吗"。

通过巧妙的提问，比较友好地提醒孩子去做一些事，这样可以照顾到他的尊严，有利于赢得他的合作。

2. 开家庭会议

让大孩子获得"我是家庭中的大人"的感觉。家里的大小事情，邀请他一起参与讨论、记录，甚至参与决策。这样的举动会让孩子感受到民主的氛围。

> 💡 **延伸小贴士**

开家庭会议的方法

家庭会议能够促进家中每个人相互尊重、相互负责、和平相处,这是民主家庭的基础,也是避免"控制养育"的好办法。每周应该有固定的时间,全家人一起开家庭会议,让它成为家庭活动的常规内容。

家庭会议需要一个主持人和一个记录人,可以由家庭成员轮流担任。

开家庭会议时,一开始,每个家庭成员简要回顾一下过去一周的工作和学习。

接着,主持人带领家庭成员依次向其他家人表达感谢。

最后,讨论未解决的事情。家庭成员要经常这样提问:"我们该怎么处理比较好呢?"然后全体成员讨论、决定。会议结束。

开家庭会议要避免"一言堂",如果只是爸爸、妈妈提出解决方案,那不是家庭会议。家庭会议需要激发孩子的参与和思考,这样才会起到更好的效果。

二、切忌"我说了算"

导言

各位家长,你们希望自己的孩子是个天才孩子吗?也许内心的小角落里都有个声音在说"谁不希望啊"。有一个爸爸,用"说一不二"的教养方式把自己的孩子训练成了少年班的"天才孩子",可是孩子到了十几岁,完全不懂如何跟同龄人交往,社会化程度几乎为零,被同学嘲笑为"呆子"。这样的"学霸孩子",你要吗?

案例

小Q出生在美国加州,爸爸是一名工程师。爸爸决心把自己的人生遗憾让孩子来完成,立志把他培养成天才。于是爸爸辞职带娃,家庭收入的重担都落到了妈妈身上。

二、切忌"我说了算"

在小Q很小的时候,爸爸每天就像打了鸡血一样,教他背乘法口诀、做数学题,甚至解微积分。他6岁就上了美国一个著名的综艺节目,表演解微积分。舆论哗然,直呼他是惊世天才。

后来小Q被破格录取到加州大学,成了一名少年大学生。

每天早上6点,小Q的爸爸会把当天学校上课的内容跟小Q讲一遍,然后和儿子一起去上学。因为小Q年纪小,抄笔记慢,爸爸就帮他抄笔记,他只负责听。

妈妈看到小Q没有机会玩,觉得这样下去不行,但是慑于爸爸"说一不二"的强悍作风,又不敢提出自己的担忧。

于是妈妈偷偷帮孩子养了一些小动物解闷,比如小白兔、小乌龟、天竺鼠等,至少让孩子有一点心灵的寄托。

有一天早晨,爸爸在给小Q讲微积分。小Q穿着睡衣,在口袋里偷偷把玩一只天竺鼠。

爸爸发现后,异常生气,竟一把抓过天竺鼠,折断它的头颈,扔到了楼下。

孩子吓得瑟瑟发抖,心想:如果我不好好读书,下场估计也是这样。

转眼小Q念完四年大学,又去念研究生。小Q的妈妈终于爆发,向小Q的爸爸提出离婚。

两人为了孩子的抚养权对簿公堂。

小Q爸爸对法官说:"孩子能有今天的成就,都是我的付出,我辞职培养了他,没有我,就没有他……"

小Q妈妈看法官好像要被小Q爸爸说动了,赶紧要求孩子上庭,让孩子自己选择要跟谁。

小Q把天竺鼠的故事讲给法官听。法官骇然,认为小Q爸爸病态,就把孩子判给了小Q妈妈。

小Q妈妈拿到监护权后,连夜带孩子搬到其他地区,生怕小Q爸爸来抢孩子。

随后,小Q妈妈让小Q改姓她的姓,重新注册学校,从初一开始读起——别的不学,就学人际交往。因为他从小到大,不曾和同龄人玩过,不懂如何交流。

有一次他在学习垒球时,别人教了他好多遍后,他还是不知道该怎么接球,每次都是眼看着球从自己面前掉下来。从此,学校里的人都叫他"书呆子"。

带着这样的阴影,几年下来,小Q始终没有学会人际交往。

后来,当地有个记者知道了这个线索后,找到他要采访他。开始,他不愿意接受采访。后来他说:"除非你愿意把我的故事原原本本写出来,我不希望别人重蹈我的覆辙。"

二、切忌"我说了算"

解析

这个案例来自脑科学家洪兰老师的一次演讲。这是发生在美国加州大学八九十年代的真实故事。

案例中的爸爸,直到面临婚姻破裂都没有意识到,他的"说一不二"的控制型养育风格,对孩子以及妻子带来的巨大伤害。

"说一不二",在家庭教育中是个严重的认知误区。对于12至18岁的大孩子来说,正是自我意识最活跃的时间段,面对家长的控制型教育,一般会产生两种极端反应。

一种极端反应就是怯懦自卑,对挑战丧失勇气和自信。通俗地说,就是家长亲手浇灭了孩子自我意识这团"火苗"。

上面这个案例中的孩子,就是这种状态。

另外一种极端反应就是叛逆冲动,挑战父母提出的任何要求。通俗地说就是"越压迫越反抗",家长过度控制助燃了孩子自我意识的"火苗"。

这种状态体现在我接触过的好几个青春期孩子身上:因为家庭的控制型养育,孩子逃学、离家出走、自残,甚至打骂父母的也大有人在。

在我的跟踪研究中发现,上面我说的两种孩子的状态,是可能互为转换的——换句话说,怯懦的孩子一旦意识到可以反抗,时机成熟后他也许就会转换到后一种叛逆的状态;而叛逆的孩子如果多次反抗未果,也有可能进入到怯懦无助的状态。

回到上面的案例故事,父亲扭断天竺鼠脖子的细节,尤其显示了他极度强权的养育风格。在他眼里,只有微积分,只有荣誉和名气,其他全部靠边站。

他把自己未完成的理想强加到孩子身上,强迫孩子成为"天才",以补偿他的失意心理,剥夺孩子自然成长中需要的情感寄托和人际交往等必备的养料。

打个比方说,孩子是棵树苗,在成长中需要阳光、雨露、微风,但是园丁自顾自地把它关在一个棚子里,只给它施一种肥料,催促它长大长高,这样的树苗不但可能生病,甚至还有夭折的风险。

个体心理学创始人阿德勒早在100多年前就明确指出:家长过分的"雄心"会葬送儿童对自我的信心,他们会丧失面对困难和解决困难的勇气。父母别忘了,"信心"和"勇气",才是孩子立足社会最重要的品质之一啊!

建议

家长采取下列措施,给孩子更大的自主权,就能避免控制和追求完美的养育思想,收获更好的亲子关系。

1. 选择瓶

拿一个废弃的宽口大瓶子(或盒子),把对大孩子的要求写成几种可供选择的纸条放入瓶内。比如,希望大孩子分担家务,可以把家务清单罗列在不同的纸条上,然后让孩子抽取一张纸条,以此确定他的家务内容。再比如,你希望他几点睡觉,可以分别写几张纸条(例如:9点半、10点、10点半),让他抽取。

无论孩子选择了什么纸条,都必须严格按照他的选择执行,这是规则。

这种方式可以帮助控制型家长逐渐摆脱"说一不二"的风格,把选择权留给大孩子,帮助他们建立公平的意识,同时让他们学会"选择即负责""信守诺言"等。

2. "角色互换"书面练习

家长在和孩子相处时,如果孩子沉默或反抗,这时就要反省是不是又要开始"一言堂"的控制了?

可以拿一本笔记本,经常做角色互换的书面练习。把每页纸左右对折,左边一栏写:假如我是孩子;右边一栏写:假如我是爸爸(妈妈)。

家长在左栏写下对当前某件事的互换想象。比如针对"孩子早晨不肯起床"这件事,你想象一下可能的原因和孩子当时的心理活动。写完之后,邀请孩子在右栏写下,如果他是家长,他会如何看待孩子的这种行为。

一开始可能角色互换时有点困难,也许你写不出几句,但是请坚持做下去,多角度体会孩子的感受和心理,给孩子一个榜样和示范。当孩子看到左栏的内容时,他对父母的体谅和尊重也会被激发出来。这样,良好和谐的亲子关系就容易形成了。

三、"完美养育"会害惨孩子

导言

生活中,那些带着完美情结教养孩子的父母,往往是对现实生活中某个方面感到有缺憾,他们渴望孩子填补他们的人生缺憾,于是开始"用力地"教养孩子,一旦孩子表现不错,他们就会更加贪心。

我的受访者兰姐,给我提供过一个"完美教养孩子"的案例,可以说明这个问题。

案例

兰姐的女儿毕业于一所重点高中。在拿到一所很好的大学的录取通知书后,女儿在暑假里与同学去东南亚痛快玩了一圈,回到家却突然像变了个人。

三、"完美养育"会害惨孩子

女儿经常在朋友圈和微信群发一些前言不搭后语的话,而且似乎对周围的一切充满敌意,与以前判若两人。老师发现这一问题后,告诉了孩子妈妈,建议最好找个心理医生咨询一下。

兰姐是公司高管,女儿一直是她的骄傲,属于大家羡慕的"别人家的孩子"。她绝不相信自己的孩子会有什么问题。

她跟同事们透露,孩子之前一直住校,周末在家的时候,她也能感到孩子有些焦躁,以为女儿只是学习压力大,"熬熬也就过去了"。最终,她还是带女儿去看了医生,结果令人震惊:女儿得了躁郁症。

这是一种情绪障碍的病,患者有时情绪高涨,有时激动狂躁,严重时则行为紊乱且毫无目的,伴有冲动行为。查出来问题时已经是8月了,眼看就要开学了。兰姐只能暂停工作,陪女儿在大学附近租房,照顾她的饮食起居。

两个月后,孩子的种种状态已无法正常学习,无奈只能申请休学。后来她虽然靠药物勉强就读,但十分孤僻,成绩一落千丈。

努力了十几年,换来这个结局,一辈子要强的兰姐差点崩溃。

回想过去种种,兰姐忍不住跟我哭着感慨:小时候,当女儿生病时,我的唯一愿望就是希望她健康;当她健康时,我开始贪心,期待她优秀;当她优秀时,我更贪心了,希望她更优秀一些。

她反思过去的养育方式,后悔莫及。

小时候女儿只要有一个字写得不好,她就罚女儿写50遍,直到女儿写得完美工整;孩子考了98分、99分,她并不开心,只会数落女儿没有考100分;小时候孩子哪次没考第一名,还会挨打……

这样的例子太多太多,"现在看来,这么多年孩子肯定憋坏了……她高三那会儿回来经常发脾气,其实我应该警觉的……"

"你对女儿那么严苛,有什么深层次的原因吗?"我问她。

经过深入交流,她终于发现,对女儿严格要求的背后,是源于她对自身的恐惧——因为夫妻没什么感情,她把所有希望寄托在孩子身上,想把孩子塑造成一个她理想中的"完美孩子",以此对抗对未来不确定生活的恐惧。

女儿在她的严格控制下,看似听话、完美,这个假象又助长了她的贪心——女儿其实可以做得更好。于是周而复始。

这个"完美气球"被母亲越吹越大,终于承受不住外力,爆炸了。

三 解析

以上案例让我想起昔日的北大"完美学霸"吴谢宇弑母

三、"完美养育"会害惨孩子

案。此案留给我们一个极大的思考:如果执意塑造一个表面上的"完美孩子",必然会忽略全面的人格教育,等待他的,将会是怎样的局面?

知名美学家、画家蒋勋,在一次演讲中给出了这个提问的答案:在长期唯考试导向的教育体制中,我们是允许学生升学科目得满分,在道德、人格、感情培养的部分,默许可以是零分。

很多资优生考上了最好的高中、最好的大学,但他们对于人性和真正的自我,始终没有机会去碰触,因为考试不会考这些,所以导致人际关系、感情婚姻各方面发生问题,痛苦和迷茫随之而来。

中国人民公安大学教授、知名心理专家李玫瑾老师在她的著作《幽微的人性》里说:"情残比弱智更可怕。"一个对人际、对社会没有情感的孩子,在心理上是"残疾"的。

我想说,从教育的规律来看,"完美养育"的内核还是"控制型养育"。

只有打破"完美",才能收获一个人格健全、有情感力的孩子。如果家长和学校执意培养"完美孩子""完美学生",等于养了一颗定时炸弹——引爆是早晚的事。

美国知名儿童心理学家鲁道夫·德雷克斯在《孩子:挑战》一书中提到一个案例,和以上的案例如出一辙:

父母对彼得(化名)要求很高:成绩必须都是 A;必须是童子军领导者;体育项目要领先;钢琴要达到演出水准;飞机模型要

做得十全十美……他表现得无懈可击。但是他有几个看似很小的毛病：烦躁地咬指甲，经常做噩梦，还会神经质地晃肩膀。

发现了吗？完美表现的彼得在用这些"小毛病"对父母做出反抗，哪怕是在梦里。毫无疑问，他的生活正在走向灾难，如果父母再不停止自己的"完美"养育，彼得可能也会出现兰姐女儿的悲剧。

哈佛大学知名教授迈克尔·桑德尔一针见血地指出：野心过度的父母很容易"得寸进尺"——敦促孩子达到各式各样的成就，以追求完美。

对于中国家长而言，追求完美的心态，和社会盛行的功利性价值观相伴相随。电视剧《小舍得》里，蒋欣扮演的田雨岚，很多台词令人窒息，但又被网友评论"十分真实"。

比如"昨天子悠随堂测试考了个100分，妈妈今天就像整了容一样"，再比如她经常教育子悠"吃得苦中苦，方为人上人"。出门前，田雨岚照镜子的同时，还不忘欣赏孩子的奖杯、奖状，这些简直就像她的"人生兴奋剂"。在这种令人窒息的完美养育中，子悠最终患上了心理疾病。

丘吉尔说："完美主义让人瘫痪。"世上本就没有完美的爸爸妈妈，更没有完美的孩子。夜深人静之时，我们应该正视自己和孩子的各种弱点，然后告诉自己：世上哪有完美？完美是虚无的，不完美才是真实的。

这样，孩子就不会被"完美"养育扼住喉咙，走向极端。

不瞒大家说，5年前，我曾经也是一名中度的完美主义者。

三、"完美养育"会害惨孩子

比如工作,我希望能连续 8 个小时不被打扰;比如看到米奇什么事情没有做好,我也会不断加以提醒,以求他做到完美。家人一度对我颇有微词,米奇甚至看到我就感到惧怕,我自己也陷入焦虑之中。

后来,我偶然看到哈佛大学泰勒博士的幸福课,顿时豁然开朗。泰勒博士的研究表明,苛求完美恰恰是人们寻求幸福最大的障碍。这个视频我前后看了四五遍。

泰勒博士发现,绝大多数人追求的生活不仅是要幸福的,而且是要完美的——而这正是大多数人不幸福的原因。他提倡找到"工作与生活的平衡点",接纳"足够好"的生活,这才是幸福感的源泉。

那么,这个平衡点到底在哪里?

泰勒博士以自己举例,归纳了对于一般人而言,生命当中最重要的五个方面:作为父(母)亲,作为爱人,我的事业,我的朋友,个人健康。

以上五个方面,有的人在某些方面做得很好,但没有一个人(相信我,真的是没有人)可以在五个方面都做得很好。

既然世界不欢迎完美,那我们就管理好自己的时间和期望值,达到"足够好了"的生活,即可触摸幸福感。你可以试试泰勒博士推荐的方法。

第一步,接受一个现实,不断地暗示自己——我不是完美的,我无法面面俱到,这很正常。

第二步,问问自己,在以上五个领域里,做到什么样子就算"足够好了"？

回到我自己身上，为何事事要做到完美？每天工作五六个小时不可以吗？剩下的时间陪米爸散步，给米奇做份爱心晚餐，这样的生活不是"足够好了"吗？

再深度试想，如果我把工作的完美情结强加在孩子身上，要求他也成为一个"完美小孩"，跟我一样疯狂工作（学习），那家里和"加班公司"有何区别？哪里还谈得上爱意流转？

当我根据泰勒博士的方法，积极修正了期望值，调整了工作和生活的平衡点之后，我发现，结果这确实和我原来的理想相差甚远，但是因为这样看起来不错（已经足够好了），我发现我并没有沮丧，反而缓解了焦虑，获得了宁静和满足。

更关键的是，当我用这个方法，逐渐戒掉了"完美主义"，育儿的紧张和焦虑也大大缓解，儿子米奇反而越来越活泼自信。

建议

家长这样做，能避免"完美"养育思想，收获更好的亲子关系。

1. 在家里发起"打破完美"的纸条活动

每个人都写几个自己不完美的表现。在这一点上，父母要带头做。你如果愿意摘掉所谓权威的光环，孩子会压力骤减，他反而会越来越尊重你。

我和米爸就经常在给米奇的信件中，偷偷诉说我们儿时到现在点滴的糗事、迷茫、困惑以及大小挫折。孩子回信:我感觉自己轻松多了,原来你们没有那么多"光环"。

2. 鼓励犯错,并给错误或挫折归因

我们应该允许孩子犯错,帮助他在犯错中不断成长,而不是为了维护"完美",拒绝孩子或自己犯错。孩子犯错时,有价值的事情不是去数落和批评他,而是去帮助他归纳原因,这样能帮助他找回勇气和自信,去面对下一次挑战。

延伸小贴士

下面来简单测试一下,你是否是一个过于追求完美的爸爸或妈妈。如果是,请尽快调整自己的思想和行为,不要让自己和孩子都深受其苦。

(1) 当你发现孩子作业本上的某一页字写得比较难看时,你是否会强迫或劝说他撕掉这一页重写一遍?

(2) 如果你的孩子因为几分之差痛失奖学金或推优名额,你是否会因此痛心疾首、喋喋不休?

(3) 如果你的孩子乐于做家务,比如洗碗或拖地,你是否会嫌他没洗干净或没拖干净让他再去重新洗一遍或拖一遍?

(4) 你是否因为孩子过矮、过高、过胖、过瘦、近视、远视等而忧心忡忡、寝食不安,甚至怨天尤人?

(5) 你是否经常将自己的孩子与其优秀的同学进行比较,甚至指责孩子不如当年的自己?

(6) 孩子如果表现不好,你是否坚定地认为是伴侣的基因问题？

（7）你是否对孩子说过"要考就考第一,考第二有什么好骄傲的"之类的话。

（8）你是否对孩子说过"要么不做,要做就要做得最好"之类的话。

（以上测试题目是我根据各类采访总结而成,仅供参考）

第六篇

亲子沟通技巧

一、停止唠叨,赢得孩子的心

导言

有些家长跟我说,孩子进入青春期后,发现越来越难沟通,孩子有什么心事都不愿意跟爸爸妈妈说,感觉孩子的心离他们越来越远。有什么办法走进孩子的心,跟孩子有效沟通呢?今天我来说说我们家的故事吧。

案例

现在大家似乎都不写信了,但是在我们家,却有一个"家庭信箱"。它是连接我们和孩子精神世界的一个"中转站"。

如果有些话我们不太适合用语言来讲,或者想把它作为一个珍贵的材料保留下来,那么动笔写信是一个最简单、最有用的方法。

我家米奇从小学升到初中后,开始面对一个很陌生的环境,有些不适应。开学的一段时间里,他常常跟我说:还是小学同学好,我好想念他们哪。我和新班级的同学好像合不来。唉,我好孤独!

于是,我就写了一封信给他,回忆我自己当年转学到新学校的故事。我在信中这样写道:

初一下学期的时候,因为我的爸爸(你的外公)工作调动,我转学到另外一个区的一所中学。

孩子,你想象一下,一个瘦瘦小小的13岁女孩,忐忑不安地坐在教室里,不认识一个朋友,总觉得别人会用异样的眼光来看自己。

但是,我很想融入这个集体。我就开始观察大家,尽可能去帮助大家。

前排女生的笔找不到了,我就把我的笔借给她。

后排男生的备忘录没抄全,我就把自己工工整整的备忘录给他抄。

发现班级里的座位不整齐,我就默默地把位子排好……

渐渐地,我的乐于助人赢得了大家的好感,和大家越走越近。

记得有一次,我因为早上没吃饭,中午饿得没力气,居然趴在桌上睡着了。

突然,我被一位同学轻轻推醒。一股热气腾腾的饭菜的香味扑鼻而来。原来,小陈同学帮我去食堂打好了饭,送到我位子上来了……后来,她成了我最好的朋友。

米奇看得入了迷,抬头问我:"后来呢?这个小陈同学呢?你们还联系吗?"我笑着说:"小陈同学就是圆子妈妈呀。你看,直到今天,她还是我的好闺蜜。"读了这封信以后,米奇明显地放下了顾虑。

渐渐地,我和他散步的时候,他开始和我讲:班里谁谁谁跟我挺谈得来的;我现在已经和谁谁谁是老铁啦。

看得出,他已经融入了新的环境,找到了他的新朋友。

初二的时候,米奇转学到了一所新的学校。他主动写了一篇随笔《眼神》,投进了我们的"家庭信箱",记录了他和他最好的朋友"老薛"分别时的情境,其中的一部分是这样写的:

分别时,我站定目送他。他回头看我,说:"以后见面机会就少了呀。"

这是他第一次回头,那是失落的眼神。

第二次回头,那是回忆的眼神。

第三次回头,那是不甘的眼神。

第四次回头,那是不舍的眼神。

第五次回头,那是失望的眼神。

第六次回头,那是无奈的眼神。

第七次回头,那是茫然的眼神。

我坐上车,向窗外看去,他再次回头看我。他的第八次回头,我看到一种想要把人深深记住一辈子的眼神……

浴室里的水划过我的面颊。我在回忆这一切,认真到每一根血管,每一个细胞。

我从浴室里出来,摆出了招牌笑脸。没有人知道,我脸颊上的水珠,有一部分是咸的。那些咸的水珠,代表着青涩的过去,代表着成长与友谊,更代表着一次巨大的蜕变。

这是米奇纪念同学离别的小文章节选。我们非常欣慰,他愿意第一时间投入"家庭信箱",与我们分享他的心里话。

后来,征得他的同意,我们将这篇文章投稿到报社。文章被刊登出来后,感动了很多读者。

贰 解析

这个案例告诉我们,和孩子交流的方式有很多,除了语言和动作,我们还可以用文字来连接彼此的情感和思想。只需要一支笔、一张纸,加上我们的真心,就可以做到了。

这样的做法会拉近孩子与父母的心理距离,让他觉得"父母跟我是一伙的",可以告诉父母心里话。这在心理学上被称为"自己人效应"。

心理学告诉我们：要想让对方接受你的观点、态度，你就必须同对方保持"同体观"的关系，把对方与自己视为一体。在对方看来，你是在为他说话，这样你们的心理距离就会拉近，就会产生感情的共鸣。

100多年前，林肯引用一句古老的格言，说过一段颇为精彩的话，他说："一滴蜜比一加仑胆汁更能吸引蜂虫，人心也是如此。假如你要别人同意你的原则，就先使他相信：你是他的忠实朋友即'自己人'。用一滴蜜去赢得他的心，你就能使他走在理智的大道上。"

在亲子沟通中也是如此。一个智慧的父母绝对不会摆出一副居高临下的态度，把孩子放到自己的对立面，而是要主动亲近孩子，和孩子做朋友，让孩子感受到父母是他的"自己人"。一旦产生"自己人"效应，你和孩子的心灵找到了连接点，家庭教育就会事半功倍。

管理心理学上有一句名言：如果你想要人们相信你是对的，并且按照你的意见行事，那就首先需要人们喜欢你，否则你的任何要求都会被拒绝。

这句话同样值得父母们认真领悟。我们不能认为：在工作中我要维护好人际关系，在家里没有必要这样做。事实上，如果家长能把和孩子的沟通视为"人际关系的沟通"，你离成功的沟通已经不远了。

综上所述，从现在开始，发挥一些可能，建立起你和孩子精神世界的"中转站"吧。记住,只要孩子一直愿意和你说心里话,你就是成功的父母。

> 建议

家长这样改善沟通,就能收获更好的亲子关系。

1. 写纸条

随时把你想和孩子说的话写成纸条,递到他的手里,或者从他卧室的门缝塞进去。我就经常这么干,米奇觉得其乐无穷。

2. 写信

遇到比较重要的事情,我还是建议父母通过写信来和青春期的大孩子有效沟通。这样显得正式,也顺便锻炼一下全家的写作能力。

3. 发录音

如果你工作真的很忙,也可以试着通过录一段音频的方式与孩子沟通。特别是在遇到亲子矛盾时,当面聊天有可能引发"战争升级",不如用录音的方式,整理一下自己的情绪,通常能起到沟通的效果。

4. 画一幅画

在二次元世界里长大的孩子,不会拒绝图画。有时,你可以把你想说的话,通过画画的方式表达出来。相信我,孩子不会介意你看似拙劣的美术能力,而是会发现父母的可爱和用心。

二、父母适当"示弱",孩子善解人意

导言

各位家长,你是否发现身边有这样的现象:不少优秀的父母,他们的孩子却显得有些懦弱、不自信。这背后的原因是什么?我们在亲子沟通中,如何提高沟通能力,避免养育一个怯懦自卑的孩子?先从我自己的故事说起吧。

案例

> 有一天上午,当时读初二的米奇神秘兮兮地拿出一个笔记本,跟我说:"妈妈,这是我写的小说,给你看看吧。"
>
> 我很兴奋,对他说:"哦!我儿子都会写小说了。妈妈看看!"
>
> "我随便写写的,好玩儿呗!"虽然嘴上这么说,但是看

得出他内心其实是有些得意的。

接下来,我花了将近一个小时,读完了他四五万字的探险小说。作为"靠写文章吃饭"的我,迫不及待地和他分享了"读后感":

"儿子,你写得真不错。故事中的三个好朋友一起克服困难,终于在一个孤岛上寻到了宝藏。男一号Jack描写得特别生动,但是我觉得汤姆和彼得两个人的区别不是特别大,个性不明显,如果能把他们也写得更不同一点,就更好了……"

就这样,我像一个编辑对作者一样,滔滔不绝地发表我的建议。

坐在我对面的米奇,从刚开始的两眼放光看着我,到露出自我怀疑的神色,到最后低下头垂头丧气地从我手里拿过笔记本,"哦"了一声,就回自己房间了。

我这才突然意识到,我的评价给了他太大的压力。儿子只是和我分享他写作的快乐,最多是需要一点点肯定。但我把他当成大人,当成一个正式的作者对待了。他感受到,我的评价里,其实有否定他的成分,所以情绪变得低落。

我怎么样才能消除带给他的小小打击呢?

这天晚上吃好晚饭之后,我皱着眉头叹了一口气。米奇有点疑惑地问我:"妈妈,你怎么啦?为什么叹气呀?"

二、父母适当"示弱",孩子善解人意

我故意夸张地又叹了一口气说:"唉……你知道的呀,儿子,妈妈最近在做一些短视频来推广社会情商的育儿方法,但是呢,我现在遇到了瓶颈,这个视频到底怎么做才会效果更好,我是想破脑袋都想不出好方法,所以我烦死了!"

我一边说一边观察米奇的表情,他倒是听得很认真。因为我知道,他对做短视频很有心得,自学了很多很好的方法。于是我不失时机地向他求助:"儿子,你的短视频做得那么好,能不能帮帮妈妈、教教妈妈呀?给我出出主意呗!"

米奇点了点头,说:"好,妈妈,你等着,我来想想办法。"随后他就回到了自己的卧室。

过了大概半个小时左右,他发给我一份文档。我打开一看,标题是:《给妈妈一些建议:如何做出一个更有效果的短视频》。他洋洋洒洒分析了我的短视频的优势和劣势,以及未来要怎么样去改进的建议,一共将近2000字。

说实话,我当时真的很感动,也有一点小小的震惊。当我们真心把自己软弱的一面展示给孩子,向孩子求助的时候,真的能够激发孩子的潜能,去奉献自己,去帮助别人。在这个过程中他不但能获得价值感,而且能收获别人对他的尊重。

三 解析

在"丧偶式育儿"的背景下,现在的"女汉子"妈妈越来越

多。这些妈妈从衣食住行到学习、才艺、运动、社交，360度无死角地担负起家庭"CEO"的角色。但和故事里曾经的我一样，很多很能干的妈妈，却发现自己的孩子越来越没自信。

我现在经常和其他妈妈说：妈妈太能干，孩子靠边站。

为什么？

像故事中的我，自以为自己的"点评"和"建议"很中肯，但不经意间流露的是一种居高临下的优越感，给孩子传递一种"你还是不够好"的信息。

我还接触过很多强势的妈妈，不仅主意多，而且控制欲强，孩子的一切，完全都要按照她的心意来进行，做得好不好，都是妈妈来评定。

一个在亲子沟通中让孩子觉得很强势的父母，常常会影响孩子对自己的评价，让孩子感到自卑。

很多父母功成名就，在孩子的教育上也费尽心血，但孩子反而很胆小、懦弱、笨拙，就是这个原因。

相反，父母如果在沟通中学会向孩子示弱，甚至经常保持"脆弱"，就会激发孩子帮助别人的同情心，激发他们内在的潜力，这样孩子会越来越自信、自立。

另外，父母不要过于维护自己在孩子面前的"完美形象"，接纳自己犯错的可能，甚至故意犯个错，让孩子看到"不完美的真实的父母"，孩子反而会放下不安和压力，进而发现自己的潜能。这在心理学上叫"犯错误效应"。

美国一名社会心理学家设计了这样一个实验：在一场竞

二、父母适当"示弱",孩子善解人意

争激烈的演讲会上,有四位选手,两位才能出众,几乎不相上下,另两位才能平庸。才能出众的一名选手在演讲即将结束时不小心打翻了一杯饮料,而才能平庸的选手中也有一名碰巧打翻了饮料。

实验结果表明:才能出众而犯过小错误的人更有吸引力,才能出众但未犯过错误的排名第二,而才能平庸却犯错误的人最缺乏吸引力。

心理学上对这种现象的解释是,一个能力非凡的人给人的感觉总是不安全、不真实的,人们对这样的形象不是真正地接纳和喜欢,而是有距离地敬而远之。对照看看,像不像一些喜欢在孩子面前塑造"完美人设"的父母?这样的父母只会让孩子惧怕,并且感到自己的卑微无能。

只要父母乐于像实验中的人一样,偶尔去故意"打翻饮料",反而会让孩子觉得你很真实,很可爱,很有吸引力。

无论是"向孩子示弱",还是"犯错误效应",都是和孩子沟通的智慧方式。

建议

家长这样沟通,能激发孩子的潜能,拉近和孩子的距离,收获更好的亲子关系。

1. 向孩子示弱,日常沟通"报喜也报忧"

工作上有什么困难,人际交往上有什么烦恼,可以在吃饭的时候,一起和家人聊聊,让孩子感受到,大人不是完人,也会

碰到麻烦，只要积极面对，想办法去解决就好了。

2. 经常向孩子求助

在孩子能力范围内的事，可以多向孩子请教求助，比如，手机、电脑操作方面，孩子常常比大人还驾轻就熟。

再如，用"求助"的办法让孩子参与家务，比"任务式""雇佣式"家务效果要好。等孩子读到初中高年级以上，家里的事情，也可以邀请孩子来商量处理。

3. 多倾听，少评价

和孩子的交流，要"多听少讲"，关键是感受孩子的情绪和需求。有时，孩子只是抒发一下当时的情绪，并不需要你的点子、你的参与。

如果孩子需要你发表建议和观点，那就要设身处地地站在孩子的角度去考虑，不要太急于给出答案，更不要对孩子的想法过多评价。如果要评价，那就以正面评价为主。

4. 故意犯几个小错误

在生活中，试着故意犯几个无伤大雅的小错误，并且邀请孩子一起归因，避免日后再犯类似的错误。这样不但能拉近和孩子的距离，减缓他的压力，也会让孩子获得更好的耐挫力。

三、怎样让孩子愿意和你说心里话

导言

我一直在很多场合都说过这样一句话：判断一对父母成功不成功，就看他们的孩子是否一直愿意跟他们说心里话。其实这背后考验的是父母的沟通能力。沟通能力的首要条件，就是用心、耐心地倾听孩子内心的想法。

我们一起来看看下面的这个案例，希望对大家有所启发。

案例

> 2016年12月，在热播美剧《成长的烦恼》中饰演爸爸杰森的加拿大演员艾伦·锡克因病去世，享年69岁。这个消息让很多剧迷心痛不已。在很多人心目中，杰森爸爸是最理想的父亲。他最大的魅力，就是能与孩子以各种形

式和谐沟通。

杰森和大多数平凡的爸爸一样，深爱着自己的孩子。他信奉平等交流，但也绝不纵容孩子。

在长达166集的电视剧中，孩子们经历了欺凌、说谎、早恋、作弊、赌博等各种成长的烦恼。剧中的杰森老爸，从不对孩子说重话，而是非常善于用平等、幽默而又不失原则的沟通方式，帮孩子化解各种成长的烦恼，陪伴孩子健康成长。

杰森爸爸高超的亲子沟通术，让20世纪八九十年代电视机前的小观众十分惊叹：原来还有这样的父母！观众最忘不了的杰森的一句口头禅是："我想和你谈谈"。每每这时，大家都会翘首以待：杰森爸爸到底会怎样化解这一集里出现的"麻烦"？

比如，在其中一集里，杰森意外得知在汉堡包房打工的大儿子迈克，其实在一周前就被解雇了。对于孩子的隐瞒，他很不解，并且十分愤怒。当天晚上，迈克开车回家后，杰森尽管心里万马奔腾，开场白却是："今天怎么啦？怎么穿得这么单薄？"这句暖心的开场白一下子拉近了父子关系。

迈克对爸爸说："我在汉堡包房受了点儿挫折。我觉得压力很大。"换作是你，这时你会怎样想？也许你会这么想，你欺骗我这么久，压力当然大！但是，杰森爸爸可不会

三、怎样让孩子愿意和你说心里话

那么想,也不会那么做。他和儿子一起坐在车头的保险杠上,表现出认真倾听的样子。看到爸爸并没有给他压力,儿子终于和盘托出最近的遭遇。原来迈克之所以被解雇,是另有原因的。经理有一次发现装钱的抽屉没有关上,而且里面的钱少了。这是店里一个女孩的过错。迈克主动帮女孩顶了包,因此被解雇了。

看到爸爸鼓励的眼神,迈克鼓足勇气说出了没有早一点儿将这一切告诉爸爸的深层次原因——因为之前爸爸曾带全家人到他打工的地方为他加油鼓劲,他因此很怕辜负爸爸对他的信任,很怕让爸爸失望,所以迟迟不敢告诉爸爸他早已被解雇的事实。

真相水落石出。一直在旁边默默倾听的杰森爸爸不失时机地对儿子说:"我很赞赏你。"随后他又在妈妈麦琪诧异的眼光中,搂着迈克的肩膀说:"真是个了不起的孩子。"这个发自内心的赞扬给迈克吃了一颗定心丸,同时也给这场误会画上了一个圆满的句号。

解析

以上这个案例来自电视剧《成长的烦恼》。它虽然是虚构的电视剧,但是给我们的启发非常大。

你看,奇妙的沟通术多么强大!家庭不应是激化矛盾的场所,而应是化解问题、麻烦、误会的港湾。

父母如果选择了正确的沟通方式,孩子成长过程中的各种好的品质必将得到保护和发展;但父母如果选择了错误的沟通方式,将会导致内耗严重、情感流失,更糟糕的是,会潜移默化地让孩子建立不健全的社交沟通模式。

同样是杰森和迈克的对话,如果当时早已知晓实情的杰森在见到儿子那一刻起,就开始数落儿子,他将会收获一段怎样的父子关系?

正面管教理念的创始人简·尼尔森说,孩子们在感觉更好时,才会做得更好。那么,如何才能让孩子感觉更好?我想,如果父母能竖起耳朵,学会用心倾听孩子的心声,孩子一定会感觉更好。

在善于倾听的杰森爸爸面前,我们有理由相信,迈克的心情从开始的忐忑,到最后变成被父亲信任的良好感觉。我们愿意倾听,孩子才敢于把真话说出来,我们也才有机会听到孩子的真正心声。

作为家庭沟通术中最重要的法则,真诚的倾听基本可分为三个步骤。

步骤一:只听不说。

请耐着性子,给孩子充分表达的机会。孩子天生有表达的欲望。如果你经常打断孩子的话,插嘴或妄下评论,他会因此渐渐觉得"我讲的东西并不重要",进而觉得"我不重要",特别是对青春期的大孩子来说,这会逐步毁掉他的自尊和自信。长此以往,他将会关闭心门。

三、怎样让孩子愿意和你说心里话

有些家长觉得打断孩子说话是很正常的举动，其实不然。只听不说的真正意义是尊重孩子，尊重他是个活生生的、有思想的、独立的人。孩子有思考的权利，也有表达的权利。孩子在表达过程中得不到父母的尊重，容易导致自我评价低，难以信任别人。

步骤二：共情孩子。

在只听不说的同时，请家长暂时放下家长的权威，开动脑筋，站在孩子的角度试着想想，他为什么这样说，他说的有没有道理。

为什么很多大孩子总是觉得父母不理解自己？因为家长不做孩子太多年了，已经忘记了当孩子的感受。家长手里握有"权威"和"爱"两颗宝石。很多时候，亲子沟通不畅的核心原因，是家长把"权威"这颗宝石看得太重，而忽视了"爱"这颗宝石。"我是家长，你得听我的！""你懂什么？"这是很多家长的口头禅。

想要共情孩子，理解孩子，家长必须适时放下"权威"这颗宝石，好好审视"爱"这颗熠熠生辉的宝石。这样，孩子才会感觉到被重视、被信任。其实这一切都不难操作。家长放下"权威"，"爱"自然会滋生。由此，家庭才会变成滋生爱和理解的沃土。

要着重说明的是，对于家长的"权威"，我们可适时放下，而不应放弃。我不建议家长完全视孩子为朋友，而放弃养育者在原则问题、重大问题上的引导责任。

步骤三:诚恳建议。

假设你很幸运,已经听到了孩子的心里话(其实走到这一步已经不容易了),接下来该做什么？我的建议是,首先肯定孩子的某些观点。不要敷衍地肯定,而是要有具体的表达。比如,你可以着重引用他刚才反复说的话,然后看着他的眼睛,给予诚恳的肯定。相信我,这会让孩子感觉很好,从而拉近你和孩子心灵上的距离。

有了互相理解和尊重的氛围后,你就可以适时给出你真诚的建议了。当然,如果不是原则问题,你不要期待他必须立即接受你的建议。其实,在可控的范围内,试错也是一种很好的人生经历。

建议

家长这样做,能让孩子体会尊重和理解,收获更好的亲子关系。

1. 不做家庭中的职业差评师

很多父母都有个典型的身份:职业差评师。在他们看来,孩子做得再好也还不够好,所以动不动就给个差评。他们不知道,语言贬损给孩子心灵带来的伤害是不可逆的。身体的伤害还有痊愈的可能,心灵的伤害很可能无法修复。这种沟通方式非常不可取。

2. 利用进餐时机沟通

在进餐时沟通问题,是很多人崇尚的方法。因为和父母

三、怎样让孩子愿意和你说心里话

在一个餐桌上吃饭,孩子从心理上能感觉到自己与父母是平等的。在餐桌上,父母如果能敞开心扉,孩子也会学着畅所欲言。如果父母能给予恰当的鼓励,孩子会十分享受在餐桌上谈话的乐趣,并且更容易学会倾听和表达的技巧。

四、如何跟家里的"网瘾少年"有效沟通

导言

"中学生迷恋打游戏"这个话题,一直是不少读者向我咨询的苦恼问题。

我在很多讲座场合经常问家长:如果世界上有一粒药,吃了就能戒除孩子的网瘾,你会不会排队去买?是不是有很多家长心里在说:"我要买!"对不起,不可能有。要改善孩子迷恋网络游戏的现状,首先请你抛弃捷径思想,做好长期的准备。

先来看一个我接手的咨询案例,希望能给大家一些启发。

案例

初中生子豪(化名)迷上了打游戏。原先妈妈规定他做好了功课之后,可以玩半个小时,但是后来他越玩时间越长。

四、如何跟家里的"网瘾少年"有效沟通

子豪的爸爸妈妈都是事业单位的处长,工作忙碌,也没顾上管他。后来,他回到家,先打游戏再做作业;再到后来,他打游戏太沉迷,作业干脆不做了,成绩变得很糟糕。

子豪的爸爸妈妈很苦恼,觉得这样下去,子豪会变成一个"网瘾少年"。到底该怎么办呢?我给夫妻俩支了招。我们一起看看这对处长夫妻是怎么落实我的建议的。

双休日的早晨,爸爸把子豪从被窝里拖起来说:"儿子,你帮爸爸一个忙好吗?"

子豪睡眼惺忪地说:"什么事儿啊?"

"爸爸最近查出来有中度脂肪肝,医生说必须加强运动,不然的话,会危害健康。爸爸想从今天开始,每天早上去跑步,这也是医生推荐的。但是呢,我一个人去跑,多没劲啊,你能不能陪爸爸一起跑啊?"

子豪还在犹豫,但是爸爸不由分说地让他赶紧洗漱,然后把他拉到小区的人工湖旁边开始跑起来。

才跑了一圈,子豪就累得上气不接下气。爸爸说:"没关系,慢慢来,咱们今天先跑两圈,明天再继续。"

吃好晚饭之后,子豪刚想钻到房间就被妈妈叫住了。

"子豪,妈妈单位体检时查出来我有点神经衰弱,医生说我要放松心情,所以我买了飞行棋、五子棋,还有跳棋、大富翁,你陪妈妈、爸爸一起玩玩好吗?"

"这有什么好玩的?幼稚!"子豪嘴里嘟囔着。

他嘴里这样说着，眼睛却瞄了一眼桌上花花绿绿的游戏棋盘。

妈妈继续说："哦，对了，我还买了游戏棒，这是妈妈小时候最喜欢玩的游戏。来来来，我们一起挑战一下！"

子豪将信将疑地跟着爸爸妈妈一起先玩了飞行棋，然后玩了大富翁，最后还玩了游戏棒。他们一起笑着闹着，玩得不亦乐乎。

这时候子豪才发现原来桌面游戏那么好玩，原来爸爸妈妈也有那么可爱的时候。

临睡之前，妈妈跟他说："你能不能答应妈妈，每个周末都陪我们玩桌面游戏啊？让我的神经好好放松一下……"

"还有我呢，儿子，你得答应我，每天早上陪我跑步，不然我的脂肪肝怎么办？"

就这样，子豪稀里糊涂地成了爸爸的跑步陪跑员，又成了妈妈的游戏陪玩员。

几个月下来，他越来越喜欢跑步，也爱上了桌面游戏，最关键的是，他爱上了和爸爸妈妈相处的美妙时光——他和爸爸妈妈更亲近了，有他们陪伴的日子真的挺幸福。这样一来，他每天花在打游戏上面的时间越来越短，后来渐渐戒除了网瘾。

四、如何跟家里的"网瘾少年"有效沟通

解析

网瘾成因和家庭关系密切相关。网络成瘾真正的根源在于感情关系的缺乏。比如本案例中的子豪,他有一对非常忙碌的父母,孩子自然缺少父母的陪伴、沟通和关爱,造成孩子内心对情感的需求无处释放。

除了缺乏关爱,网瘾青少年的家庭还可能存在一种情况,就是管教严厉,孩子获得的鼓励和安慰很少。我采访过一个家庭,严厉的父亲为了孩子玩网络游戏的事情,已经摔坏了3个平板电脑,但是即便如此,也没有能遏制住孩子的网瘾行为。

此外,家长还要警惕一种情况,就是由祖辈抚养或单亲抚养的孩子上网成瘾的概率比较大。2010年2月1日,中国青少年网络协会第三次发布《中国青少年网瘾报告》。报告中显示,网瘾程度越严重的青少年,"未与双亲一起住"或"仅与父母亲中的一方一起住"的比例越高。

2021年8月底,国家发出史上最严游戏监管令:所有网络游戏企业仅可在周五、周六、周日和法定节假日的20时至21时向未成年人提供1小时服务,其他时间一律不得向未成年人提供网络游戏服务。

尽管如此,家长对"游戏"依旧"惊魂未定"。网络游戏先天的基因就是沉迷系统,所以孩子的自控力在网络游戏面前,通常会一败涂地。

为什么青少年容易上网成瘾？

网络成瘾的人当中，很多是12至18岁的青少年。还处于青春期的孩子自控力薄弱，理解和判定的能力差，同时对新鲜事物充满好奇心，网络游戏、软色情和聊天工具正好弥补了青少年心中的空缺，自然而然就网络成瘾了。

网络，是一个可以寄托情感、释放情感的空间。我采访过几个青少年，问他们为什么那么喜欢打游戏，他们的回答大多是：内心孤单、无聊，打游戏是为了交朋友，为了建立自己的地位，为了不被同学嘲笑很落伍，等等。

一个青少年，不管对什么成瘾，归根到底，都来源于内心极度缺乏的情感需求。比如游戏上瘾，那他很可能是没有体会到正常生活中的乐趣，没有办法在真实世界中感受到成就感，或者情感上缺乏安全感。

这给了父母们很大的警示：我们在谴责游戏公司时，不妨也检查一下自己的养育方式是否有欠缺的地方？

以上这个案例中的子豪爸爸妈妈在我的建议下，不动声色地用了"激发善意"的沟通方式。一家三口在不知不觉当中增加了运动量，身体变得越来越健康。最关键的是，通过这样的沟通方式，成功地把孩子从手机当中"拖拽"了出来，让孩子感受到了父母的高质量陪伴，也成功地让子豪的爸爸妈妈体验到了陪伴孩子一起玩耍的真正乐趣，可谓一举多得。

在整个沟通当中，切记不要用责怪的语气、命令的语气，甚至羞辱的语气，一定要通过平等、尊重或"有心机地示弱"等

四、如何跟家里的"网瘾少年"有效沟通

方式,来激发孩子在意父母健康的善良思想,从而促进他的良好行为。

这个案例是一个成功的案例,但是我也碰到过失败的案例。例如我给出建议之后,父母在和孩子沟通当中"走样",甚至是和孩子"一言不合"就放弃管教的案例。

当我们在责怪孩子有网瘾的同时,一定要思考,我们是否有勇气坚持改进自己和孩子的沟通方式。你若坚持改进,孩子会反馈给你更好的模样,你就能收获更健全的亲子关系。

请牢记:我们家长的耐心要永远比孩子犯的错更多。加油!

建议

家长这样做,不仅能避免孩子沉迷网络游戏,还能收获更好的亲子关系。

1. 帮助孩子坚持一个运动项目或一个兴趣爱好,增加孩子与现实世界的联系

比如适当增加运动、兴趣爱好。当孩子忍不住想打游戏时,父母可以引导孩子外出打球、游泳、逛街、和好朋友聊天等,逐步消除网络对孩子的诱惑。

2. 把电子设备放在家庭公共空间

和孩子一起商量,减少使用网络的时间,同时将电脑等游戏设备放到父母房间或者是客厅等地方,让孩子减少接触到

网络的机会。

3. 多结交现实生活中的朋友

鼓励孩子通过兴趣爱好结交好朋友,并约定在线下多沟通交流。比如一起去运动、野餐、看展览等。毕竟,现实生活中面对面的交流才是热气腾腾的!

延伸小贴士

判断你家孩子是否有网瘾,可以参照以下情况,如果情况严重,甚至发展到病态,应到精神卫生专业机构寻求帮助。

(1) 对上网有强烈的渴望或冲动,想方设法上网。

(2) 经常想着与上网有关的事,回忆以前的上网经历,期待下次上网。

(3) 多次对家人、亲友、老师、同学或其他人员撒谎,隐瞒上网的程度,包括上网的真实时间和费用。

(4) 自己曾经做过努力,想控制、减少或停止上网,但没有成功。

(5) 若几天不上网,就会出现烦躁不安、焦虑和易怒等症状,上网可以减轻或避免这些症状。

后　　记

各位家长朋友,谢谢你能够看到这里。关于"如何赢得大孩子的心,收获良好的亲子关系"这个主题的讨论,我们暂时告一段落。在这里,我分享给大家我最近接手的两个案例。

第一个案例。

一位经常出差的父亲找到我说,他不知道该怎么跟13岁的女儿沟通,因为女儿经常把门锁起来。

我问他,在出差的日子里,有没有试过给女儿经常写写信?手写的那种。

他睁大眼睛看着我说:"从来都没有想过这个方法。真的可以吗?"我笑笑说:"当然可以,你试试。"

隔了几个月之后,他在微信上跟我反馈,他和女儿的亲子关系有起色,甚至他出差回来,有的时候会在书桌上看到女儿给他的回信。

他很感激我。但其实我什么都没做。因为这位父亲信任我,相信我的建议是对的,并且持之以恒地做下去,然后他看到了成果。

对于大孩子来说,他们对自我的意识越来越强烈。我们唯一要做的,就是去呵护他们的自尊,去认可他们的成长,去营造一个和他连接的"精神中转站",而写信就是最容易的方式。但往往最容易的却也是最难的,关键是你是否愿意"用心"和"坚持"。

第二个案例。

一个15岁的男孩告诉我,他的语文从来没有考过第一名,但是这次期中考试破天荒考了个第一。班上有同学说他是作弊而来的,并且没有经过他的同意,就翻了他的桌子抽屉,想查找他的作弊证据。

当男孩非常委屈地把这件事告诉妈妈之后,妈妈不但没有仔细了解前因后果,反而轻飘飘地问:"你不会真的作弊了吧?"这对男孩来说,无疑是晴天霹雳。

经过这件事之后,男孩变得很沉默,好几天没去上学。尽管后来男孩在父母的劝说下,还是去学校继续学习,但是他跟我说,从此之后他跟妈妈之间有了裂痕,他有什么心里话也不愿意跟妈妈说了。

我在很多场合都说过一句话:要毁掉一个孩子很简单,你只要持续地不信任他就可以了。父母如果带着成见、不信任、对自己生活经验的盲目自信、"我说了算"的优越感和大孩子相处,你不可能收获一个向你敞开心扉的孩子。

后　记

　　对于 12 至 18 岁青少年的家庭来说，亲子间朝夕陪伴的时间越来越短。转眼到 18 岁，孩子就会像鸟一样飞到更高远的山头。我衷心祝愿每个家庭，都能在这宝贵的六七年时间里，风雨同舟，收获互相尊重、相亲相爱的亲子时光。

叶如风

2022 年 10 月 22 日